KB274543

형자

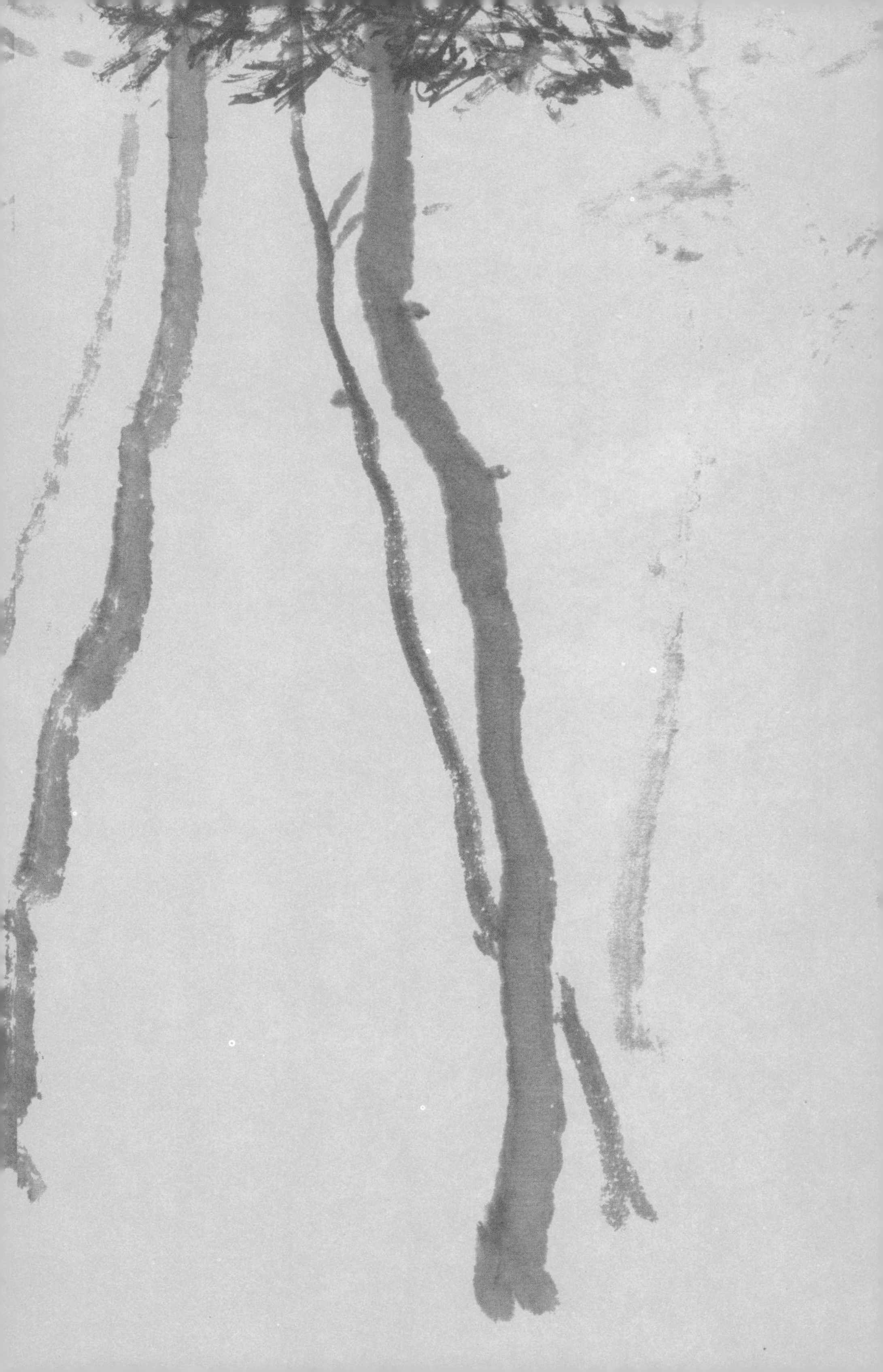

두레공동체의 정신과 비전

07 | 김진홍목상집
두레공동체의 정신과 비전
韓國을 聖書 위에
김 진 홍
The Spirit and Vision of the Doorae Community
두레시대

두레공동체의
정신과 비전

'두레사상'은 복음의 기초 위에서 비롯됩니다

우리 모두가 함께 섬기고 있는 한국교회는 자랑스러운 교회입니다. 우리들 각자가 자신의 어머니를 자랑스럽게 여기고 있듯이, 우리는 한국교회를 그렇게 자랑스럽게 여기고 있습니다. 그런데 한 가지 문제가 있습니다. 뜨거운 신앙과 충성스러운 봉사정신에 비해 사상성이 부족한 점입니다. 물론 우리는 믿음으로 구원받는 것이지 사상으로 구원받는 것이 아닙니다. 믿음의 기초가 세워지지 않은 채 사상을 강조하게 되면 세상 이데올로기에 빠져들게 됩니다.

그러므로 중요한 순서를 말하자면 당연히 믿음입니다. 그러나 문제는 그 믿음이 사상성이 뒷받침되지 않으면 자칫 미신에 빠지기 쉽습니다. 그리고 사상성이 없는 믿음은 세상을 이끌어 나가는 선도력(先導力)을 잃게 됩니다. 이스라엘 백성들이 광야 40년을 행진하여 가나안으로 들어갔을 때 낮에는 구름기둥이 그들을 이끌었고, 밤에는 불기둥이 인도하였습니다.

마찬가지로 지금의 한국교회도 사상의 구름기둥으로 비전의 불기둥으로 이끌림 받아야 합니다. 그래서 두레운동은 사상을 강조합니다. 1971년 청계천 빈민촌에서 시작하여 70년대는 빈민선교운동을 펼쳐 왔습니다. 80년대는 남양만 갯벌에서 농민선교운동을 일으켰습니다. 90년대는 두레마을을 세워 공동체운동을 전개하여 왔

습니다. 이제 2000년대에 이르러 두레교회를 중심으로 하여 교회운동과 공동체운동, 그리고 산업운동을 하나로 묶어 나가는 운동을 펼쳐가고 있습니다.

이번에 출간하는 이 책은 30년에 걸쳐 우리들이 몸으로 체득(體得)하여 온 운동정신을 담았습니다. 우리는 이런 정신을 일컬어 '두레사상' 이라 부릅니다. '두레사상' 은 예수 그리스도를 믿음으로 구원에 이르는 복음의 기초 위에서 비롯됩니다. 복음의 기초 위에 건전하고도 진취적인 두레정신 혹은 두레사상을 세워, 다가오는 통일한국 시대에 칠천만 백성들의 정신세계를 일으켜 나가자는 것입니다.

두레정신 혹은 두레사상은 아직 완성된 것이 아닙니다. 이제 첫 걸음을 시작하였습니다. 이제부터 나라 안팎에 흩어진 두레가족 모두가 함께 기도하고 함께 토론하고 함께 헌신하여 보다 깊은 수준의 두레사상을 발전시켜 나가야 합니다. 이 책에 담긴 내용은 그런 공동체적 노력의 주제를 제시할 따름입니다. 많은 두레가족들이 한마음으로 이 큰일에 동참하여 언젠가 두레사상의 완성판을 이끌어 나갈 수 있게 되기를 바라며 이 글을 머리말에 대신합니다.

2002년 1월 30일　두레공동체운동 대표 / 목사

"날마다 마음을 같이 하여 성전에 모이기를 힘쓰고

집에서 떡을 떼며 기쁨과 순전한 마음으로 음식을 먹고

하나님을 찬미하며 또 온 백성에게 칭송을 받으니

주께서 구원 받는 사람을

날마다 더하게 하시니라"(행 2:46~47)

1장

두레공동체의 정신과 비전

1. 두레공동체의 3대 비전

"하늘에 있는 것이나 땅에 있는

것이 다 그리스도 안에서 통일되

게 하려 하심이라" (엡 1:10)

두레공동체의 3대 비전

"나의 거룩한 산 모든 곳에서 해됨도 없고 상함도 없을 것이 니 이는 물이 바다를 덮음같이 여호와를 아는 지식이 세상에 충만할 것임이니라 그 날에 이새의 뿌리에서 한 싹이 나서 만민의 기호로 설 것이요 열방이 그에게로 돌아오리니 그 거 한 곳이 영화로우리라" (사 11:9-10)

개인구원과 사회구원

세계교회의 역사가 다 그렇겠습니다만, 특별히 한국교회에는 지난 100년이 넘는 기간동안 성경에 대한 이해와 신학적 측면에 서 두 갈래 흐름이 서로 갈등하고 견제하며 존재해 왔습니다.

그중 첫 번째 흐름은 사회현실과 동떨어져 '일본군이 들어오든 지, 공산군이 들어오든지, 독재정치를 하든지 혹은 민주화가 되든 지 어차피 세상은 망할 세상이니 예수 믿고 영혼 구원 받아 천국

가자' 는 개인구원의 신앙입니다. 신앙의 초점이 개인구원 차원에만 머물러 있기 때문에 사회정의나 사회부패 등의 문제에 대해서는 전혀 관심을 갖지 않습니다. 특히 보수주의 교회들이 이런 경향이 강합니다. 두 번째 흐름은 '교회가 개인의 영혼구원에만 머물지 말고 사회정의를 실현하고 정의로운 사회를 건설하자' 는 사회구원, 즉 역사참여적인 신앙입니다.

저는 박정희 대통령 재임기간 중인 1974년에 '군인 정치가 너무 지나치다, 아무리 경제를 발전시키고 반공을 하는 것이 좋다고 하지만 민주주의 기본인 언론의 자유까지 억누르는 것은 참을 수 없다' 고 생각한 몇몇 목회자와 함께 유신헌법을 반대하다가 감옥에 갔던 적이 있습니다. 1974년 7~8월에 수원교도소에 있었는데, 어느 날 교도소 안으로 신문 한 장이 들어왔습니다.

교도소에 있다 보면 신문이 정말로 반갑습니다. 그 신문에는 미국 빌 브라이트 〈세계대학생선교회〉(CCC) 총재의 기자회견 내용이 실려 있었습니다. CCC는 대학생 선교단체 중 하나입니다. 저는 CCC 선교단체를 참 좋아하고 높이 평가합니다. 김준곤 목사님은 한국교회의 보배같은 분으로 그 분이 사역하는 CCC운동이 한국교회에 미친 영향은 정말로 귀합니다.

그런데 그 때 〈한국대학생선교회〉(KCCC)에서 미국의 빌 브라이트(Bill Bright) 총재를 모셔다가 여의도 광장에서 대중집회를 했습니다. 아마 몇 십만 명이 모였던 것 같습니다. 집회를 마친 후 빌 브라이트 박사가 신문 기자와 회견을 했습니다.

"박사님께서 보시기에 한국의 성직자들이 감옥에 가 있는 것은 한국이 독재국가이고 종교의 자유가 없기 때문이라고 생각하십니까?" 라고 기자가 물었습니다. 이에 대해 빌 브라이트 박사는 "내가 한국에 와 보니 한국은 민주주의 국가이고 언론의 자유가 있는 나라인데 성직자 중에 올바르지 못한 사람들이 말썽을 일으켜서 한국 교회의 이미지를 나쁘게 하는 것 같다. 이렇게 종교적으로 자유로운 나라에서 왜 정부를 반대하고 감옥에 가 있느냐"라며 목회자들을 비난하는 발언을 했습니다.

감옥에 있던 우리 동료 목회자들이 그 기사를 보고 열 받았어요. "이 놈의 CCC 때려부숴야 한다. 우리가 나가면 김준곤 목사 다리 분질러 버리자." 감옥에 가 있던 목사들은 행동파이기 때문에 말로 끝나는 게 아니라 실천을 합니다. "그래 누가 다리 분지를래? 우리 가위바위보 해서 이기는 사람이 갈까? 지는 사람이 갈까?" 그렇게 구체적인 논의에 들어갔습니다.

그 때 제가 말했습니다. "나는 그 생각에 반대한다. 우리하고 생각이 다르다고 다리 분지르고 그러면 되느냐? 나는 김준곤 목사님 좋아한다. 나와 신앙적인 관점이 다를 뿐이다. CCC나 김준곤 목사는 개인의 구원과 구원의 확신에 치중을 하고, 우리는 사회정의, 사회구원에 치중을 한다. 성경의 관점에서 볼 때 양쪽이 다 합쳐진다면 성령님이 기뻐하시는 신앙이 아니겠느냐?" 그러자 동료 목사들이 제 말에 심하게 반대를 했습니다.

"너는 뭐 공자님마냥 그런 소리를 자꾸 하냐? 양쪽 다 좋다 그렇게 말하면 문제가 해결되냐? 안 되는 건 때려부셔야지." 그렇게 논란이 계속되었습니다. 그래서 제가 제안을 했습니다. "우리가 출소해서 목사님 다리 분지르기 전에 가서 그 분과 대화를 하자."

"우리 생각에는 이러이러하면 예수님이 기뻐하시겠다 하여 데

모하고 감옥에 왔습니다. 그런데 신문에 그런 기사가 나서 마음에 참으로 큰 상처를 받았습니다. 이런 식으로 대화를 해보자. 그래도 안되면 그 때 다리를 분지르든지 뼈를 부러뜨리든지 하자.” 그랬더니 “그러면 네가 가서 한번 얘기해 보고 그 후에 다시 결론을 내리자.” 이야기가 그렇게 마무리 되었습니다. 얼마 뒤에 석방이 되어 제가 CCC 본부를 찾아갔습니다. 그런데 그 쪽에서 자꾸 피하는 겁니다. 세 번이나 갔는데 못 만났습니다. 하는 수 없이 그만 두고 말았습니다.

하나님은 개인구원과 사회구원을 모두 원하십니다. 그러나 신앙의 성향, 성경적 바탕, 신학적 색깔이 다르다 보니 입장이 달라집니다. 두레교회 역시 시작할 때부터 지금까지 그리고 앞으로도 어떤 성경적인 해석과 신학적 바탕을 가지고 나가느냐 하는 것은 중요한 문제입니다.

그래서 제가 이 문제를 첫 시간에 짚고 넘어가려고 합니다.

디모데후서 3장에 그 해답이 있습니다. 성경을 바로 읽고 해석을 제대로 하면 ‘이쪽이 옳다,’ ‘저쪽이 옳다’ 라며 왈가왈부할 필요가 없습니다. 성경에 그 정답이 나와 있기 때문입니다. 디모데후서 3장 14절에서 17절 사이에, 개인의 영혼이 구원 받고 천국 가는 개인 구원의 신앙과, 정의로운 사회, 민주사회, 인간이 인간답게 사는 세상을 건설하는 사회 구원의 신앙 중에 어느 쪽이 정답인지 나와 있습니다.

> “그러나 너는 배우고 확신한 일에 거하라 네가 뉘게서 배운 것을 알며”
> (딤후 3:14)

누구한테 설교를 듣고 누구와 성경공부를 하느냐에 따라서 신앙관, 구원관, 성경적인 관점이 달라집니다. 그래서 교회만큼은 골라서 다녀야 합니다. 교회는 집

가깝다고 가는 게 아닙니다. 성경해석과 신학과 비전을 올바르게 가르치는 교회인지 아닌지에 따라 나, 우리 가정, 우리 자녀들의 사고방식과 세상 살아가는 관점이 바뀌어지는 것이므로 잘 선택해야 합니다.

디모데후서 3장 15~16절에서는 개인구원과 사회구원, 두 가지가 차례대로 나오고 17절에서 종합됩니다.

"또 네가 어려서부터 성경을 알았나니 성경은 능히 너로 하여금 그리스도 예수 안에 있는 믿음으로 말미암아 **구원에 이르는 지혜**가 있게 하느니라" (딤후 3:15)

예수를 믿음으로 개개인의 영혼이 구원 받는 신앙은 성경의 기본입니다. 이를 일컬어 '개인의 구원'이라고 합니다. 성경은 그것을 가르쳐 주는 책입니다. 예수를 구주로 모시고 예수를 믿는 믿음 안에서 영혼이 구원 받아 구원의 확신을 가지고 구원 얻은 백성으로 살아가는 신앙, 이것이 첫 번째입니다.

그런데 문제는 보수적인 교회들이 주로 개인구원의 차원에만 머무는 데 있습니다. 그래서 그 다음 16절 말씀으로 나아가지를 못합니다. 구원의 확신이 선 신앙의 기초를 세우고 그 다음 단계인 16절로 나아가야 합니다.

"모든 성경은 하나님의 감동으로 된 것으로 **교훈과 책망과 바르게 함과 의로 교육하기에** 유익하니" (딤후 3:16)

삼위일체 신앙

성경은 사람의 생각으로 쓰여진 것이 아니라 성령의 감동으로 쓰여진 책입니다. 백성들을 가르치는 교훈서입니다. 개인과 사회가 잘못된 길을 갈 때는 꾸지람하고 책망하며, 윤리가 무너지고 도덕이 위기에 처했을 때는 국민정신을 일깨워 주는 바른 지침서입니다.

조선시대에는 과거시험을 본다고 삼천리 반도 고을마다 공자, 맹자의 책을 다 읽었습니다. 그러다 보니 자연스럽게 『논어』, 『맹자』가 백성들의 윤리교과서가 되었습니다. 이제는 성경이 국민윤리 교과서가 되어야 합니다. 성경을 교회 안에서 교인들만 읽고 이해하는 걸로 끝나면 안됩니다.

디모데후서 3장 15절은 믿는 자, 개개인의 영혼을 구원하는 신앙에 대해서 나옵니다. 거기서 머무르지 않고 비뚤어진 것을 바로잡고 불의한 것을 의롭게 하고 잘못된 것을 꾸짖어 책망하고 모르는 백성들을 가르쳐야 한다고 16절에 기록되어 있습니다. 교훈과 책망과 바르게 함과 의로 교육하게 하는 국민교육 교과서, 이것이 바로 성경을 보는 바른 견해입니다.

> "이는 하나님의 사람으로 온전케 하며 모든 선한 일을 행하기에 **온전케 하려 함이니라**" (딤후 3:17)

성경은 개인 개인의 영혼을 구원 받게 하고 그 사회와 백성을 깨우치는 윤리교과서가 되어야 합니다. 그래야만 국민 한 사람 한 사람을 온전케 합니다. '온전케 한다' 는 말은 성숙된 국민이 되게 하고, 그 사회가 이루어야 할 윤리를 바로 잡아 나가게 한다는 뜻입니다.

두레교회 교인들은 개인 개인이 예수를 믿음으로 구원을 얻는 개인구원의 확신 위에서 이 사회의 도덕을 세우고, 국민 정신을 세우고, 교회 밖으로 나가서 비뚤어진 세상을 바로 잡는 일에 앞장서는 신앙인이 되어야겠습니다.

"하늘에 있는 것이나 땅에 있는 것이 다 **그리스도 안에서 통일되게** 하려 하심이라" (엡 1:10)

이 말씀은 신학적으로 대단히 중요한 부분으로 개인과 공동체를 분리하고 있는 이원론을 극복하는 말씀이라고 할 수 있습니다. 한국 교회가 앓고 있는 병 중의 하나는 신앙생활과 성경 이해에 있어 영적인 것과 세상적인 것을 분리하는 이원론적인 사고방식입니다.

'교회 일은 거룩한 것이고 장사하는 것은 세상적인 것이다. 교회에서 예배드리는 것은 신령하고 가정 살림하는 것은 세상적인 일이다.' 하고 갈라 놓습니다.

"하늘에 있는 것이나 땅에 있는 것이 다 그리스도 안에서 통일되게 하려 하심이라" (엡 1:10)

이것은 성경에 기초하지 않은 세상적인 생각일 뿐입니다. 신학에서는 이러한 이원론적인 태도를 고대 그리스의 플라톤 사상일 뿐 성경에 근거를 둔 태도가 아니라고 말합니다.

우리 신앙인들은 삼위일체 신앙으로 균형을 잡고 나아가야 합니다. 성경에서는 하늘의 것과 땅의 것이 하나가 되어야 한다고 말합니다. 하늘의 것은 영적인 것이고 땅의 것은 세상적인 것이라고 하는데, 영적인 것과 세속적인 것이 하나가 되어야 합니다. 그리스도 안에서 영육이 하나 되는 것, 교회와 세상이 통일되는 것, 성과 속이 그리스도 안에서 하나로 묶여지는 신앙, 이것이 두레신앙의 출발점입니다.

그러면 두레신앙의 목표점은 무엇입니까? 바로 삼위일체 신앙입니다. 삼위일체 신앙은 성부, 성자, 성령 하나님 삼위일체가 첫 번째이고, 두 번째는 신앙, 생활, 산업이 삼위일체가 되는 신앙입니다. 세 번째는 성령공동체로서의 교회와 겨레공동체로서의 국가 그리고 경제공동체로서의 산업이 삼위일체가 되어 성경의 기초 위에 바르게 선 신앙을 말합니다.

개인구원에 치우쳐 있는 보수주의자들이 볼 때, 이러한 신앙은 너무 세속적인 것같이 보이고, 진보주의자들에게는 보수적으로 보일 수 있습니다. 또 은사를 강조하는 사람들이 볼 때는 기도 안 하는 교회로, 기도 안 하는 교회에서 볼 때는 고리타분하다고 생각할 수 있습니다. 보는 관점에 따라 여러 가지로 굴절되어 보일 수가 있습니다. 그러나 우리는 먼저 이원론을 극복하여 하늘과 땅이 그리스도 안에서 하나로 통일되는 신앙을 일관되게 지녀야 합니다.

우리가 삼위일체 신앙으로 신앙, 생활, 내가 경영하는 기업, 이 세 가지가 성경의 원리에 맞아야 합니다. 그래야만 신앙생활이 성경의 바탕에서 건전한 것입니다.

그리고 성령공동체로서의 교회, 겨레공동체로서의 우리 민족, 산업공동체로서의 우리 생업이 삼위일체가 되어 건전한 신앙으로 나아갈 때 교회 안의 교인뿐 아니라 우리 백성 전체를 끌어안을 수 있는 구원의 신앙으로 발전할 수 있습니다.

성서한국, 통일한국, 선교한국

두레가 가진 사고방식, 곧 그 신학적 바탕은 한국 교회의 현시점에서 대단히 중요하다고 생각합니다. 그런 바탕 위에 두레선교운동의 세 가지 목표가 있습니다. 이사야 11장 9절 말씀에서 두레선교운동의 3대 비전 중 첫 번째를 찾을 수 있습니다.

> "나의 거룩한 산 모든 곳에서 해됨도 없고 상함도 없을 것이니 이는 **물이 바다를 덮음 같이 여호와를 아는 지식이** 세상에 충만할 것임이니라" (사 11:9)

물이 바다를 덮는 것같이 하나님을 아는 지식, 성서를 아는 지식이 한반도를 가득 덮게 될 그 시대를 바라보고 나아가는 겁니다. 일컬어 '성서한국' 이라고 합니다. 물이 바다를 덮음 같이 하나님을 아는 지식, 성경 66권 말씀의 지식이 한라산에서 백두산 골짜기까지 여호와를 아는 지식이 넘치는 시대를 이루어 나아가는 일이 바로 '성서한국' 의 비전입니다.

"그는 우리의 화평이신지라 **둘로 하나를 만드사** 중간에 막힌
담을 허시고" (엡 2:14)

'통일한국' 의 건설이 두 번째 비전입니다. 휴전선의 철조망이
없어지고 지뢰가 제거되고 남북이 하나 되어 통일된 조국을 세워
나가는 '통일한국' 입니다. 우리의 힘은 아직 미약합니다. 그러나
통일한국의 비전을 이루어 나가기 위해 북한의 고아원을 돕거나
농장을 개척하는 등 눈에 보이게 보이지 않게 북한문제에 대해 다
른 어떤 단체보다 한 발 앞서서 노력하고 있습니다.

'성서한국' 위에 '통일한국' 을 이루고 '통일한국' 이 성경의 말
씀 위에 세워지면 틀림없이 세계에 우뚝 솟아오르는 선진 한국을
이루어 갈 수 있습니다. 7천만 동포들이 말씀으로 살고 실천하고
생활과 신앙과 산업이 하나되는 삶을 살면 우리는 선진국으로 뛰
어 오르게 되어 있습니다. 그런 국력을 바탕으로 우리가 무엇을
목표로 세워야겠습니까?

"그러므로 너희는 가서 모든 족속으로 제자를 삼아 아버지와
아들과 성령의 이름으로 세례를 주고 내가 너희에게 분부한
모든 것을 가르쳐 지키게 하라 볼지어다 **내가 세상 끝날까지
너희와 항상 함께 있으리라** 하시니라" (마 28:19~20)

예수님의 유언인 땅 끝까지 복음을 전하는 '선교한국' 입니다.
통일한국이 세워져 정치, 경제, 문화, 교육 등 모든 것이 말씀에
기초를 둔 선진 사회가 이룩되면 그 국력을 바탕으로 오대양 육대

주 즉, 땅 끝까지 복음을 전하는 '선교한국'을 이루는 것입니다. 이것이 세 번째 비전입니다. 우리 두레인들은 이를 항상 기억하여 성서한국, 통일한국, 선교한국의 비전을 이루어 나가는 일에 다 함께 전심전력 해야겠습니다.

주님, 은혜를 감사드립니다.

주님, 물이 바다를 덮음 같이 여호와를 아는 지식이 넘쳐 개 개인의 영혼구원과 정의로운 시대를 건설하는 역사구원을 함께 아우르는 성서한국을 이루게 하옵소서. 그 성서한국이 남북 간의 담을 무너뜨리고 하나가 되는 통일한국을 이루게 하옵시고 통일한국이 말씀 위에 부강한 나라, 선진 사회를 이루어 그 경제와 국력을 바탕으로 땅 끝까지 복음을 전하는 선교한국을 이루게 하옵소서. 저희 두레교회가 시작은 작지만 큰 일에 쓰임 받게 되기를 예수님 이름 받들어 기도드립니다.

2. 복음운동

"이는 우리 복음이 말로만 너희

에게 이른 것이 아니라 오직 능

력과 성령과 큰 확신으로 된 것

이니 우리가 너희 가운데서 너

희를 위하여 어떠한 사람이 된

것은 너희 아는 바와 같으니라"

(살전 1:5)

복음운동

"형제들아 내가 너희에게 전한 **복음을 너희로 알게 하노니**
이는 너희가 받은 것이요 또 그 가운데 선 것이라 너희가 만
일 나의 전한 그 말을 굳게 지키고 헛되이 믿지 아니하였으
면 이로 말미암아 구원을 얻으리라 내가 받은 것을 먼저 너
희에게 전하였노니 이는 성경대로 그리스도께서 우리 죄를
위하여 죽으시고 장사 지낸 바 되었다가 성경대로 사흘만에
다시 살아나사" (고전 15:1~4)

복음의 알맹이가 압축되어 들어있는 말씀이 고린도전서 15장입
니다. 사도 바울은 논리학 교육을 제대로 받아 논리적인 표현력이
뛰어납니다. 그는 복음의 핵심을 고린도전·후서에 잘 기록해 놓
고 있습니다. 사도 바울이 고린도 전·후서를 기록한 이유 중의
하나는 고린도교회가 영적으로 뜨겁기는 대단히 뜨거웠는데, 영
적으로 무질서한 부분이 있었기 때문입니다. 그래서 사도 바울이

영적으로 무질서한 고린도교회의 질서를 잡기 위해 고린도 전·후서를 썼습니다.

교회나 개인이 쓰임 받는 경우가 여러 가지입니다만 고린도교회는 말썽이 많았기 때문에 오히려 쓰임을 받았습니다. 고린도교회가 모범적인 교회였다면 고린도 전·후서 같은 귀한 영적 서신이 기록되지 못했을 것입니다.

고린도교회가 말썽이 많아지자 사도 바울이 정성을 다해서 편지 두 통을 써서 보냈습니다. 그래서 고린도 전·후서가 탄생하게 됐습니다. 사도 바울은 고린도 전서 15장 전체에서 복음의 핵심인 부활에 대하여 기록하고 있습니다.

중세 철학에서 근세 철학으로 넘어가는 갈림길에 데카르트(René Descartes, 1596~1650)라는 철학자가 있습니다. 그가 아주 유명한 말을 해서 사람들이 다들 잘 알고 있습니다.

"나는 생각한다. 고로 나는 존재한다."

인간에게는 본성적으로 삶의 본질을 찾아, 참 구원의 길을 찾아, 자기 내면세계의 깨달음을 찾아 방황하는 본성이 있습니다. 그렇게 방황하기 때문에 '나는 존재한다'는 말을 하는 겁니다.

복음을 찾기 위한 방황

신앙생활에는 세 가지 차원의 방황이 있습니다.

첫 번째 방황은 예수님을 만나기 전의 방황으로 복음을 알기 전의 방황입니다. 젊은 날 뼈를 깎는 고민을 하며 잠 못 자는 밤을 거치면서 방황했던 경험들은 다 있게 마련입니다. 부모로부터 이어받은 신앙인데 유치원부터 중고등학교까지, 혹은 성인이 되어 계속 교회를 다니면서 방황을 합니다. 학생회장도, 집사도 때로는 방황을 할 수 있습니다. 몸은 교회에 앉아 있더라도 영혼이 예수님의 참 은혜를 바로 깨닫기 전까지 방황을 하게 됩니다. 그 첫 번째 방황은 믿음을 올바로 깨닫기 전의 방황으로 구약에서 이스라엘 백성이 홍해를 건너기 전 애굽 땅에서 방황하던 모습과 같습니다.

그러다가 하나님의 은총으로 믿음을 깨닫고 예수님을 만나게 됩니다. 그걸 교회에서는 구원 받았다고 말합니다. 처음 은혜를 받아 구원의 확신이 임할 때 기뻐하고 감격합니다. 찬송을 부르고 손뼉을 치고 마치 온 세상이 자기 것이 된 것처럼 감격합니다.

그러나 얼마 지나지 않아 두 번째 방황이 시작됩니다. 이스라엘 백성들이 홍해를 건넌 뒤 가나안 땅으로 들어가기 전에 40년 동안 광야 길을 헤맸듯이 믿음을 갖고 은혜를 받아도 그리스도 안에서 방황을 합니다. 교회를 섬기면서 예수님을 믿으면서 방황은 계속됩니다.

그렇다면 어떻게 믿는 것이 올바로 믿는 것일까요? 성경을 읽으면 된다고 하지만 성경은 원료 창고와 같습니다. 큰 창고 안에 온갖 원료가 다 들어 있습니다. 온갖 재료를 가지고 어떤 요리를 하느냐는 사람에 따라 다릅니다. 믿음은 이렇게 하고 은혜생활은 저렇게 하라고 말하지만 딱 부러지는 정답을 찾기는 참 어렵습니다. 그래서 예수 믿고 난 뒤에 잘못 믿어서 바보 된 사람이 부지기수 입니다. 그리고 많은 교회 중에서 어떤 교회에 가서 어떻게 신앙생활을 해야 할지 방황하게 됩니다.

제가 아는 분 중에 아주 똑똑하고 공부도 많이 하고 사리분별이 뛰어난 분이 있습니다. 그러나 어쩌다 사이비 비슷한 교회에 나가게 되어 재산 갖다 바치고 수십 년 간 그 교회를 섬겼습니다. 그러다가 나이 60이 다 되어 '내가 헛된 믿음에 속해 있었구나' 란 사실을 깨닫고 손 털고 나오는 걸 보았습니다. 참으로 안타까운 일입니다. 올바른 교회에 속해서 바른 신앙에 헌신했더라면 크게 쓰임을 받았을 사람이 정상적이지 못한 엉뚱한 교회에 가서 수십 년을 허비한 겁니다. 그러니까 예수를 믿고 난 뒤의 방황, 이것도 심각한 겁니다. 광야 40년 동안 이스라엘 백성이 얼마나 방황했습니까?

그 다음 좀 다른 차원의 세 번째 방황이 있습니다. '예수님 안에서 바른 신앙을 위해 어떻게 살다가 어떻게 죽을 것이냐?' 하는 문제입니다. '나는 이 일을 위해서 태어났으니 이렇게 살다가 이렇게 죽어야지' 하는 자기 몫으로 주어진 사명이 있습니다.

출애굽기 3장에 보면 모세가 이스라엘 민족의 지도자로 부르심을 받기 전에 호렙산 기슭에서 떨기나무 불꽃 가운데 하나님이 나타나셔서 모세에게 이르셨습니다. '네 발에 신은 신을 벗어라.' 이 말을 들은 모세는 하나님 앞에서 지금까지 하던 방황을 다 끝내고 자신의 사명을 찾았습니다. '너는 이 일을 하면서 이렇게 살아라. 이렇게 살다가 이렇게 죽어라.' 우리에게도 확실히 가르쳐 주고 계시는 것으로 이 말씀을 받아 들여야겠습니다.

두레가족들은 은혜를 모르고 예수님 밖에서 방황하던 세상을 버리려는 것이 아니라 방황을 끝내려는 것입니다. 이제는 참 믿음과 바른 믿음을 가지고 그리스도 안에서 신앙인으로서 '이렇게 살다가 이렇게 천국으로 가야지' 이런 마음가짐으로 하루하루를 살아가길 바랍니다.

신앙인에게 '예수 믿어서 사업이 잘 됐다', '병이 나았다' 등 여러 가지로 은혜와 축복이 있을 수 있지만 이런 것은 지엽적인 것입니다. 우리들에게 임하는 본질적인 축복은 무엇이겠습니까? 방황과 갈등을 벗어나 확신을 가지고 믿음생활하는 것이 '축복 중의 축복'이라고 생각합니다.

> "이는 우리 **복음이 말로만 너희에게 이른 것이 아니라 오직 능력과 성령과 큰 확신으로 된 것이니** 우리가 너희 가운데서 너희를 위하여 어떠한 사람이 된 것은 너희 아는 바와 같으니라" (살전 1:5)

복음이 어떻게 임했다구요? 능력과 성령과 확신으로 된 것이라 했습니다. 영적인 일에는 기초가 확실하고 출발점이 분명해야 합니다. 출발점이 분명하지 못하면 골인을 못하는 겁니다. 코스를 다 뛰어도 끝에 가서 파울 당합니다.

마틴 루터(Martin Luther, 1483~1546)는 가톨릭 수도원에서 복음을 깨닫기 위하여 고행을 했습니다. 마음의 갈등과 고뇌를 극복하고 확신에 이르기 위하여 자기 자신을 채찍으로 치기도 했습니다. 그러던 어느 날 '고행이 나를 구원하게 하는 게 아니구나!' 하고 로마서 1장 16~17절을 묵상하다가 복음의 진수에 대해 깨달음을 얻었습니다. 거기서부터 가톨릭의 역사, 세계사는 방향을 새롭게 잡기 시작했습니다. 그래서 한 일꾼, 한 영혼의 바른 깨달음과 확신은 세계를 움직이는 출발점이 될 수 있었습니다.

> "내가 복음을 부끄러워하지 아니하노니 이 복음은 모든 믿는 자에게 구원을
> 주시는 하나님의 능력이 됨이라 첫째는 유대인에게요 또한 헬라인에게로다
> **복음에는 하나님의 의가 나타나서 믿음으로 믿음에 이르게 하나니** 기록된
> 바 오직 의인은 믿음으로 말미암아 살리라 함과 같으니라" (롬 1:16~17)

하나님의 의, 인간의 의

복음에는 두 가지 종류의 의가 있습니다. '하나님의 의'와 '인간의 의'가 그것입니다. 복음은 '하나님의 의'라는 잣대를 가지고 말합니다. '인간의 의'는 '하나님의 의'와 때로 적대관계에 놓일 수 있습니다. 이스라엘 백성들이 복음의 핵심을 놓치고 '하나님의 의'를 따르지 않고 사람의 의를 따르다가 외면 당한 일에 대해 로마서 10장 1절에 기록하고 있습니다.

이 부분은 복음을 올바로 이해하는 데 대단히 중요한 부분입니다. 믿는 자를 구원하는 복음은 사람의 지식이나 학문에 의한 의가 아니라 하늘로부터 임하는 계시, '하나님의 의'입니다. 일찍이 구약시대에 복음의 계시를 드러낼 민족으로 하나님이 이스라엘 민족을 선택했습니다. 그러나 그들은 불행하게도 '인간의 의'를 지나치게 추구한 나머지 '하나님의 의'를 저버리고 사람의 의를 따랐습니다. 이것이 바로 유대인의 비극이라고 하겠습니다.

> "형제들아 내 마음에 원하는 바와 하나님께 구하는 바는 이스라엘을 위함이
> 니 곧 저희로 **구원을 얻게 함이라**" (롬 10:1)

사도 바울은 복음 전도자로서 자기 민족에 대한 사랑이 대단히 뜨거웠습니다. 오매불망 자기 민족을 어떻게 구원할까 하고 항상 안타까워 했습니다.

"내가 증거하노니 저희가 하나님께 열심이 있으나 지식을 좇
은 것이 아니라" (롬 10:2)

하나님께 대한 열심으로 말하자면 유대인과 한국인이 으뜸입니
다. 유대인과 한국인의 하나님에 대한 열심은 세상이 다 알아줍니
다. 우리 한국사람 얼마나 열심입니까? 체력도 안되는 사람이 40
일 금식하다가 까무러쳐 죽습니다. 전 세계에서 매년 40일 금식
하다가 40~50명이 그 후유증으로 죽는 나라는 한국 밖에 없습니
다. 서양 사람들은 입을 딱 벌립니다. 독일 청년 한 명이 두레마을
에 와서 몇 달간 같이 있었는데 철야기도 하는 것을 보고 눈이 휘
둥그래집니다. 밤새 무슨 기도할 것이 그리 많은지 상상이 안된다
는 겁니다. 하나님에 대한 열심은 한국사람 정말 끝내줍니다. 그
런데 여기에 문제가 있을 수 있습니다.

"하나님의 의를 모르고 자기 의를 세우려고 힘써 하나님의
의를 복종치 아니하였느니라" (롬 10:3)

열심히 열심히 믿었는데 거꾸로 믿었습니다. '사람의 의'를 따
라 가느라고 열심이었지 '하나님의 의'는 거부하고 살았습니다.
'사람의 의'로 하다 보니 평생 열심히 믿었는데 헛된 믿음으로
살았다는 겁니다. 참된 신앙은 '하나님의 의'를 인정하고 받아들
이는 것입니다.

이 세상에 종교가 없는 인간사회는 없습니다. 모든 문명과 사회
에는 종교가 존재합니다. 그 모든 인간사회에 종교가 있다는 것은

무엇을 뜻할까요? 그것은 인간의 정신세계에는 종교에 대한 욕구가 있다는 것을 의미합니다. 식욕이 있고 명예욕이 있듯이 종교에 대한 욕구가 있습니다. 사람이 잠을 안 자면 안되듯이 종교 없이는 영혼이 견뎌내지를 못합니다.

김영준 원장님 말씀에 의하면 인간의 두뇌 속에 하나님의 존재를 감지하는, 종교를 담당하는 뇌세포가 발견됐다고 합니다. 하나님이 사람을 창조하실 때 이미 하나님을 찬양하고 은혜 받은 후 감격을 느끼는 세포를 따로 만드셨다는 것입니다. 그러므로 종교는 인간에게 있어 선택이 아닌 필수사항인 것입니다.

복음의 핵심

종교는 크게 두 가지로 분류할 수 있습니다. 하나는 자연종교이고 다른 하나는 계시종교입니다. 자연종교를 수행종교라고도 부르는데, 불교가 대표적입니다. 계시종교는 은혜종교라고 말합니다. 기독교 신앙이 대표적입니다.

얼마 전에 제가 원효사상 국제대회에 가서 발표한 적이 있는데, 불교계에서 오신 분들에게 "한국불교의 특징이 무엇입니까?"라고 물었습니다. 딱 한 마디로 "수행이지요"라고 답해 주었습니다.

한국불교가 돌중들이 서로 싸우는 것 보면 다 썩은 것 같아도, 저 깊은 암자에서 10년, 20년씩 결가부좌 하고 세상 것 다 끊고 열심히 수행하는 큰 스님들도 있습니다. 성철 스님 같은 분이 대표적이지요. 10년 간 눕지 않고 도를 닦는 거예요. 그분의 수행은 한국불교의 자랑입니다.

저는 솔직히 말씀드려서 도를 닦아서 깨달음으로 나아가는 불교의 스님이 되지 않고, 하나님의 은혜로 복음의 감격을 누리는 교회 목사 된 것이 얼마나 감사한지 모릅니다. 스님들은 대개 새벽 3시에 일어나서 그때부터 수행을 시작합니다. 낮잠도 없습니다.

수행종교는 ‘사람의 의’를 찾아가는 겁니다. 이에 반해 기독교의 신앙은 참 은혜로 구원을 얻어서 ‘하나님의 의’를 깨닫고 순종하는 것입니다. 은혜종교는 ‘하나님의 의’를 깨달아 순종하는 겁니다. 그러니까 우리 기독교 교인들은 복음이 얼마나 위대하고 감격스러운 것인지 확신을 가지고 살아가야 합니다.

그 확신의 첫 번째가 믿는 자를 구원에 이르게 하는 구원의 확신입니다. 은혜종교, 계시종교의 핵심, 그 복음의 진수를 지금 말하고 있습니다.

복음이라고 하면 범위가 넓어 어디서 어디까지를 말하는지 애매해지기 쉽습니다. ‘구원에 이르는 복음에 대한 확신’이라는 말의 핵심은 무엇일까요?

고린도전서 15장 1~4절 사이에 핵심이 기록되어 있습니다. 이 말씀을 읽고 설명을 들을 때 속으로 ‘아멘! 믿습니다’ 고백이 나오면 구원의 확신이 서 있는 사람이라고 말할 수 있습니다. 출발점

"이는 우리 복음이 말로만 너희에게 이른 것이 아니라 오직 **능력과 성령과 큰 확신으로** 된 것이니 우리가 너희 가운데서 너희를 위하여 어떠한 사람이 된 것은 너희 아는 바와 같으니라" (살전 1:5)

이 분명해진 것이지요.

> "형제들아 내가 너희에게 전한 복음을 너희로 알게 하노니 이는 너희가 받은 것이요 또 그 가운데 선 것이라 너희가 만일 나의 전한 그 말을 굳게 지키고 헛되이 믿지 아니하였으면 이로 말미암아 구원을 얻으리라 내가 받은 것을 먼저 너희에게 전하였노니 이는 **성경대로 그리스도께서 우리 죄를 위하여 죽으시고 장사 지낸 바 되었다가 성경대로 사흘 만에 다시 살아나사**" (고전 15:1~4)

이것이야말로 사도 바울이 고린도교회 교인들에게 전한 복음의 골자입니다. 그가 받아서 고린도교회 교인들에게 전했고 그 전한 것이 2천 년 세월을 거쳐서 우리들에게까지 전해졌습니다. 고린도교회 교인들이나 두레교회 교인들이 받아 그 위에 서서 살아가야 하는 복음의 내용은 무엇입니까? 이 말씀을 믿고 그 위에 굳게 서서 살아가면 구원을 얻어 구원의 믿음으로 살아갈 수 있는 것입니다.

'전하였노니' 라는 말씀이 복음의 내용입니다. 그 다음 '성경대로 그리스도께서 우리 죄를 위하여 죽으시고' 라는 말씀에 '아멘' 이 됩니까? '성경대로' 에서 성경은 신약일까요? 구약일까요? 이때는 신약이 안 쓰여졌을 때이므로 구약입니다. 믿는 자를 구원하게 하는 하나님의 의가 어디에 기록이 돼 있다는 겁니까? 성경에 기록되어 있다고 합니다. 성경에 기록된 하나님의 의를 바로 깨닫고 믿으면 구원에 이른다는 복음입니다.

이사야서 53장에 그 내용이 나옵니다. 그래서 이사야서 53장을 '구약의 복음장' 이라고 말합니다.

"우리는 다 양 같아서 그릇 행하여 각기 제 길로 갔거늘 여호와께서는 우리
무리의 죄악을 그에게 담당시키셨도다"(사 53:6)

성경에 기록된 믿는 자를 구원에 이르게 하는 복음의 내용은 '하나님의 의'의
핵심입니다. 이사야서 53장 6절에 '우리는 다 양 같아서'라는 내용이 나옵니다.
우리는 모두 방황하는 양입니다. 참 주인을 찾느라고 방황하는 양입니다.

제가 대학을 졸업하고 방황하던 시절이 있었습니다. 서울 서부역 뒤 만리동 고
개 위에 소이초등학교라고 있었습니다. 그 담벼락 밑에 앉아서 아이스 케이크 장
사를 하며 지냈습니다.

밀짚모자 푹 눌러쓰고 모자에 구멍 두 개 뚫어서 그곳으로 세상을 내다보며 살
았습니다. 전에 누군가 바늘구멍으로 세상을 내다보며 한 세상 살았다는 말을 들
은 적이 있습니다. 저는 바늘구멍은 아니지만 밀짚모자 구멍으로 세상을 내다보
면서 살았습니다.

그때 서울대학교 철학과를 나와 역시 저처럼 방황하는 사람을 만났습니다. 그
사람과 의기투합하여 대폿집으로 가서 한잔 하면서 얘기를 나눴습니다.

그 사람은 주인을 찾는다고 했습니다. "누가 나한테 내가 왜 사는지, 어떻게
살아야 되는지, 존재이유와 존재방식을 가르쳐 준다면, 평생 그 사람의 머슴이
되겠다"며 "미지의 주인을 위해 건배합시다!" 그러더군요. 그 사람은 지금까지
TV장사를 합니다. 경기고 출신으로 서울대 철학과를 나왔지만 주인을 못
만난 채 나이 60세가 다 되도록 TV장사를 하고 있는데 눈동자가 다 풀렸습
니다.

저는 그 사람보다 지능도 낮고 학교도 후진 데 나오고 모든 면에서 뒤지는데 은혜로 '예수님 주인'을 만났습니다. 솔직히 말해서 저는 부러운 게 없습니다. 탐나는 것도 없습니다. 왜 그렇습니까? 예수님 주인을 모신다는 건 끝내주는 일이기 때문입니다.

이사야서 53장 6절에 '우리는 다 양 같아서 그릇 행하여 각기 제 길로 갔거늘'이란 말씀이 있습니다. 주인을 못 만나서 방황하는 양이 평생 사람의 의를 찾아서 방황하는 것입니다. 그러나 하나님은 우리를 그렇게 내버려 두시지 않으셨습니다. '여호와께서는 우리 무리의 죄악을 그에게 담당시키셨도다'라고 말씀하십니다. 방황과 죄와 모든 것을 예수님이 지고 가셨다는 겁니다.

> "그는 실로 우리의 질고를 지고 우리의 슬픔을 당하였거늘 우리는 생각하기를 그는 징벌을 받아서 하나님에게 맞으며 고난을 당한다 하였노라 그가 찔림은 우리의 허물을 인함이요 그가 상함은 우리의 죄악을 인함이라 그가 징계를 받음으로 우리가 평화를 누리고 그가 **채찍에 맞음으로 우리가 나음을 입었도다**" (사 53:4~5)

하나님이 정한 '의'

'아멘'이 됩니까? 성경대로 그리스도께서 우리 죄를 위해 죽으셨다는 말씀에 '아멘'이 됩니까?

성경을 읽는다는 것은 모래밭에 뿌려진 보배를 찾아내는 일과 같습니다. 창세기, 욥기, 시편 등 구약성경은 마치 보배를 모래밭에다 흩어 놓은 것 같습니다. 찾아내서 믿음의 줄로 엮어서 믿음의 목걸이를 만드는 겁니다. 그것을 신학이라고 합니다. 교회에서는 이를 신앙고백이라고 합니다. 그 확실한 신앙고백으로 하나님을 찬양하는 삶이 되기를 바랍니다.

고린도전서 15장으로 다시 돌아와서 '성경대로 우리 죄를 위하여 죽으시고', 이 말씀은 이해가 되시지요? 그걸 믿었으면 통과된 겁니다. 4절 말씀 '장사지낸 바 되었다가' 무덤에 3일 간 묻히신 거지요. 그 다음 '성경대로 사흘만에 다시 살아나사', 구약성경에 예언된 대로 3일 뒤에 부활하셨습니다. 이 세 가지가 구약성경이 누누이 예언한 '하나님의 의'의 핵심입니다. 오실 메시아 그리스도께서 우리 죄를 위하여 십자가에 죽으셨습니다. 그 피의 공로로 확실히 믿는 사람이 구원 받습니다.

> "율법을 좇아 거의 모든 물건이 피로써 정결케 되나니 **피흘림이 없은즉 사함이 없느니라**" (히 9:22)

인간은 '하나님의 의'를 믿음으로 구원 받는데, 그 하나님이 정한 '하나님의 의'의 핵심은 무엇입니까? 하나님이 정한 '의', 우리가 이해할 수 없더라도 하나님께서 정한 '의'이므로 받아들이는 겁니다. 거기에 피 흘림이 있어야 문제가 해결됩니다.

그러나 우리 허물과 죄가 있는 인간들이 피를 흘리게 된다면 구원에 이르지 못하고 죽습니다. 때문에 허물과 죄 있는 우리를 대신해서 한 분이 피를 흘렸습니다. 그게 누굽니까? 예수님이 우리 대신 피 흘려 우리 죄를 지고 가신 것입니다.

그러면 우리에게 죄가 남아 있겠습니까? 아닙니다. 우리에게 남아 있는 것은 은혜입니다. 이 구조가 이해 되시지요? 이것이 바로 하나님께서 정하신 '의'의 구조입니다. 그걸 '아멘! 아, 그렇구나!' 하고 받아들이는 것이 깨우침이고 신앙고백입니다.

> "염소와 송아지 피로 아니하고 오직 자기 피로 **영원한 속죄를 이루사 단번에 성소에 들어가셨느니라**"(히 9:12)

히브리서 9장 12절에 '염소와 송아지의 피로 아니하고' 라는 말씀이 나옵니다. 구약시대 즉 예수님이 오시기 전에는 매년 예루살렘 성전에 가서 염소 잡고 소 잡아 바쳤습니다. 그리고 1년 뒤에 다시, 또 염소 잡고 소 잡고… 그런데 지금은 안 그렇지요. 우리나라 교인들이 매년마다 염소 잡고 소 잡고 하면 우리나라 염소와 소가 남아나지 않겠지요. 이제는 염소와 송아지의 피로 아니하고 '오직 자기 피로!' 죄 사함을 받습니다. 여기서 자기는 누굽니까? 예수님입니다.

'영원한 속죄를 이루사 단번에 성소에 들어가셨느니라', 왜 '단번에' 라고 할까요? 구약시대에는 제사장이 매년 지성소로 들어갔는데 이를 폐지해 버린 것입니다. 단번에 끝내 버렸다는 말입니다. 한꺼번에 끝낸 자리가 어디입니까? 십자가 위입니다. 유월절 어린 양이 되셔서 한꺼번에 피 흘리고 끝내셨습니다. 이처럼 우리들도 한꺼번에 믿고 끝내는 신앙이 필요합니다. 그걸 '아멘' 으로 받아들이는 사람을 구원의 확신에 이르렀다고 말하는 겁니다.

고린도전서 15장 첫부분에 '성경대로 그리스도께서 우리 죄를 위하여 죽으시고 무덤에 묻히시고 부활했다' 는 말씀이 있습니다.

죽고 묻혀 버리는 것으로 끝나면 아무것도 남지 않습니다. 그러나 성경대로 부활하셨기 때문에 우리는 부활의 신앙으로 살아갈 수 있는 것입니다.

> "만일 그리스도 안에서 우리의 바라는 것이 다만 이생뿐이면 모든 사람 가운데 우리가 더욱 불쌍한 자리라" (고전 15:19)

모든 크리스천은 내세를 믿습니다. 그런데 공산주의자들은 절대로 믿지 않습니다. 사람을 물질로 여기기 때문에 사람의 정신과 의식 또한 물질에서 나온 결과로 보고 내세를 믿지 않는 것입니다. 그러나 크리스천이 이 땅에서 사는 것은 나그네의 길, 대합실에 잠시 머무는 것입니다. 이 땅의 삶이 끝나면 반드시 내세가 있다고 믿는 겁니다.

> "그러나 이제 그리스도께서 죽은 자 가운데서 다시 살아 잠자는 자들의 첫 열매가 되셨도다 **사망이 사람으로 말미암았으니** 죽은 자의 부활도 사람으로 말미암는도다 아담 안에서 모든 사람이 죽은 것같이 그리스도 안에서 모든 사람이 삶을 얻으리라" (고전 15:20~22)

"사망이 사람으로 말미암았으니" 란 말씀에서 사람은 아담입니다. 아담은 죽음의 첫 열매이고 예수님은 부활의 첫 열매입니다. 아담의 후손으로 우리는 다 죽을 수밖에 없는데, 예수님을 믿음으로 생명의 자녀가 된 것입니다. 예수님 안에서 우리가 영원한 생명을 누리게 된 것에 감사 드리기 바랍니다.

주님, 은혜를 감사 드립니다. 이 아침에 우리가 단잠을 깨고 복음의 알맹이에 대해 함께 생각해 보았습니다. 우리는 사람의 의를 찾아서 방황했던 시절이 있었습니다. 은혜로 하나님의 의를 깨닫고 하나님이 우리를 위하여 피 흘림으로써 이루어 놓은 구원의 믿음을 우리가 받아들여 구원의 확신을 갖게 됨을 감사 드립니다.

복음이 말로만 너희에게 이른 것이 아니라 능력과 성령과 확신으로 임했다는 말씀이 우리 심령에 확고하게 터를 잡게 하옵소서. 그 깨달음, 그 확신으로 평생토록 생명을 누리고 전하며 또한 열매 맺으며 살아가는 우리들이 되기를 예수님 이름 받들어 기도합니다.

3. 활빈정신

"그러나 하나님께서 세상의 미련한 것들을 택하사 지혜 있는 자들을 부끄럽게 하려 하시고 세상의 약한 것들을 택하사 강한 것들을 부끄럽게 하려 하시며"(고전 1:27~28)

활빈정신

활빈정신은 두레운동의 출발점이고 기초가 되는 정신입니다. 30년 전에 제가 일을 시작했는데, 그때 제 나이가 서른 살이었습니다. 당시는 '경제적 가난' 이 중요한 문제라고 생각했는데 그 동안의 경험으로 보니 '경제적인 가난' 이전에 '정신적인 가난' 이 더 큰 문제라는 생각이 듭니다. 그 정신적 가난의 내면에는 '영의 가난' 이 있습니다.

성경에서는 세 가지 측면에서 가난의 문제에 대해 접근하고 있습니다.

첫 번째는 하나님이 지으신 토지의 문제입니다. 하나님이 지은 법도를 벗어나면서 토지에 대한 제도와 관습에 문제가 발생합니다. 두 번째는 노동의 문제입니다. 세 번째는 앞으로 중요성이 부각될 지식의 문제입니다. 이 세 가지 측면에서 가난의 문제에 대해 접근해 보려고 합니다.

"태초에 하나님이 천지를 창조하시니라" (창 1:1)

한글성경 창세기에는 '하나님이 천지를 창조하셨다' 고 기록되어 있지만, 성경 원문에는 '하늘들과 땅을 창조하시니라' 라고 되어 있습니다. 그런데 왜 하늘을 '하늘들' 이라는 복수 명사로 썼을까요? 하늘이 하나지 어떻게 여러 개가 될 수 있을까요? 여기에는 히브리인들의 우주관이 반영되어 있기 때문입니다.

그들은 하늘을 삼 등분하여 세 개의 하늘로 표현했습니다. 첫째 하늘은 우리에게 보이는 하늘, 대기권 하늘입니다. 둘째 하늘은 광대한 우주 전체, 은하수가 있고 블랙홀이 있는 우주 전체입니다. 셋째 하늘은 사도 바울이 말한 3층천 하늘입니다. 그곳은 하나님의 보좌가 있는 영의 하늘입니다. 사도 바울은 '내가 13년 전에 셋째 하늘, 3층천에 다녀왔다' 라고 기록했습니다. 그곳이 바로 우리도 언젠가 이 땅에서 삶을 마치고 가게 될 셋째 하늘입니다.

'땅' 을 다스리라

히브리 원문으로 땅은 '엘레츠' (אֶרֶץ)입니다. 사람과 관계없는 객관적인 땅을 지칭하는 말입니다. 그런데 같은 천지창조의 이야기인데도 창세기 2장 4절에 나오는 땅은 단어 자체가 다르고 그 개념이 다릅니다.

"여호와 하나님이 천지를 창조하신 때에 천지의 창조된 대략이 이러하니라"
(창 2:4)

창세기 2장에서 천지창조의 두 번째 창조 이야기는 사람 중심으로 전개됩니다. 별개의 다른 이야기가 아니고 하나의 동일한 이야기인데 중심을 어디 두느냐에따라 논리적 전개가 달라진다고 하겠습니다.

창세기 2장 4절의 '하늘과 땅'에서 땅은 '아다마'(אֲדָמָה)입니다. '아다마'와 '아담'은 같은 어원에서 나온 말입니다. '아다마' 즉, 땅의 흙으로 지은 사람이 '아담'입니다. '신(身)-아담'과 '토(土)-아다마'는 둘이 아니고 하나입니다.

창세기 1장의 땅, '엘레츠'(אֶרֶץ)는 사람의 삶이나 역사와는 아무런 관계가 없는 객관적인 땅인 반면에, 창세기 2장의 땅, '아다마'(אֲדָמָה)는 사람이 땀 흘려 일하고 자식을 낳고 역사를 만들어 가는 사람들의 삶과 관련이 있는 토지입니다.

이 토지의 관리가 잘못되면 빈곤의 문제가 발생합니다. 7세기경 지금의 이란, 이라크, 북아프리카 지역이 모두 기독교 세력 아래 있었습니다. 그러나 북아프리카 지역은 기독교 국가이면서도 성경에 근거를 둔 토지제도를 세우지 않았습니다. 기독교 지주들은 엄청난 땅을 소유하고 로마에서 호화로운 생활을 했습니다.

중동지방의 소작인들은 농사를 지어 3 대 7 심지어는 2 대 8로 몫을 정했기에 10가마 중 두세 가마만 먹고 나머지는 로마에 있는 크리스천 지주들에게 보내야 했습니다. 당시 그 지역의 소작인들은 기독교 지주들의 수탈로 고통이 엄청났습니다.

그때 한 혁명가가 나타났습니다. 레위기 25장 23절이 바로 그 혁명구호였습니다. 땅은 여호와의 것인데 왜 로마 지주들이 가로채느냐며 소작인들이 구름떼 같이 모여들었습니다. 그때 나타난

혁명가가 마호메트(Mahomet, 570?~632)입니다. 마호메트의 혁명은 철저한 농민혁명, 토지혁명, 소작인 혁명입니다. 당시 기독교 국가들이 기독교의 간판을 내걸고 못할 짓을 많이 해서 백성들의 한이 하늘에 사무쳤습니다.

"토지를 영영히 팔지 말 것은 **토지는 다 내 것임이라**" (레 25:23)

'땅을 사고 팔지 말며 한 사람이 차지하지 말고 투기하지 말아라. 토지는 다 여호와의 것이다' 라는 의미입니다. 여호와를 '엘' (אֵל)이라고 합니다. 사무엘(שְׁמוּאֵל), 임마누엘(עִמָּנוּאֵל) 등 이름에 '엘' 이 나옵니다. 아랍식으로는 '알라' 입니다. '토지는 알라의 것이다. 엘의 것이다. 땀은 소작인들이 흘리는데 왜 지주들이 수탈해서 쓰느냐? 지주들을 몰아내고 땅 주인에게로 돌리자' 이런 뜻입니다. 땅 주인이 누구입니까? 알라입니다.

여호와의 땅을 여호와의 백성이 부쳐야지 왜 지주들이 가로채느냐고 항거한 농민혁명을 토대로 모슬렘 혁명이 성공했습니다. 기독교 국가에서 성경에 근거한 법을 따르지 않으면 큰 비극이 일어나기 마련입니다. 예나 지금이나 겉으로만 예수님을 섬기고 속으로는 자기 욕심을 챙기는 엉터리 기독교인들이 복음전선에 암적인 존재가 되는 것입니다.

그 후 19세기에 들어와 노동의 문제가 발생했습니다. 유럽의 기독교 국가들과 러시아에서 산업이 일어나면서 수많은 노동자들이 착취 당했습니다. 노동자들을 착취하니까 이번에는 20세기의 모슬렘 혁명이라 할 수 있는 공산주의 운동이 일어났습니다.

"아담에게 이르시되 네가 네 아내의 말을 듣고 내가 너더러 먹지 말라 한 나

무 실과를 먹었은즉 땅은 너로 인하여 저주를 받고 **너는 종
신토록 수고하여야 그 소산을 먹으리라**"(창 3:17)

범죄한 이후 아담에게 하나님이 이르시는 말입니다. 사람과 땅
은 '신토불이'란 말 그대로 운명공동체입니다. 땅이 병들면 사람
이 병들고 사람이 병들면 땅이 병듭니다. 사람이 깨끗해지면 땅이
깨끗해지고 사람이 황폐해지면 땅이 황폐해집니다. 죄는 사람이
지었는데 땅이 함께 저주를 받았습니다. 사람과 땅이 운명공동체
이기 때문입니다.

"네가 **얼굴에 땀이 흘려야 식물을 먹고** 필경은 흙으로 돌아
가리니 그 속에서 네가 취함을 입었음이라 너는 흙이니 흙으
로 돌아갈 것이니라 하시니라" (창 3:19)

저주 받은 땅에서 사람은 땀 흘려 노동하게 되어 있습니다. 창
세기 3장 이전에도 에덴동산에서는 할 일이 있었습니다. 단순히
먹고 논 것이 아닙니다. 분명히 아담은 먹고 논 것이 아니라 일을
했습니다. 그러나 3장의 '땀 흘리는 노동'과는 다릅니다.

"여호와 하나님이 그 사람을 이끌어 에덴 동산에 두사 그것
을 **다스리며 지키게 하시고**"(창 2:15)

사람의 최초 직업은 동산을 관리하고 다스리고 경영하는 일이
었습니다. 그때는 노동이 즐거웠습니다. 그러나 범죄 이후, 저주
받은 땅에서 일은 더 이상 즐거움이 아니었습니다. 네가 얼굴에

땀이 흘러야 식물을 먹고', 의무로서의 노동입니다. 노동이 의무가 되고 노동이 인간을 얽어매는 고통으로 바뀝니다.

성령 받은 기독교인들은 의무감으로 노동을 하는 것이 아니라, 하나님이 주시는 축복으로 노동하고 즐길 수 있어야 합니다. '하나님이 나에게 주신 사명이다, 즐겁게 일하자.' 이렇게 콧노래 부르면서 일할 수 있기를 바랍니다. 영적인 사람들에게는 먹고 살려고 하는 일은 사라져버리고 하나님께 쓰임 받는 축복된 사명만 남아야 일이 즐겁지 않겠습니까?

토지문제 때문에 7세기에 회교혁명이 일어났듯이, 19세기에는 기독교 국가에서 노동의 문제가 발생했습니다. 기독교 국가에서 얼마나 노동력 착취가 심했는지 일화가 기록되어 있습니다.

영국에서 산업혁명 시기에 한 회사의 사장이 12세 소년에게 굴뚝청소를 시켰습니다. 이 소년이 잠깐 졸다가 빗자루를 굴뚝에 떨어뜨렸습니다. 그 사장이 "그래, 그러면 네가 빗자루가 돼라" 하면서 말뚝에 아이를 묶어 굴뚝 청소한 일이 있었습니다. 9~10살 먹은 아이들한테 석탄을 캐게 한 그 사람들이 교회에 가면 장로, 집사 등 크리스천 사업가들이었습니다.

그런 수탈에 항거해 공산주의가 일어났습니다. 그러나 공산주의는 일어난 지 100년 만에 사라져가고 있습니다. 성경에 근거해 볼 때 역사의 상속권이 없기 때문입니다.

모슬렘 교회도 7세기 기독교가 토지문제를 잘못 다룰 때 생겨난 종교로 하나님의 구속사에서는 상속권이 없는 셈입니다. 공산주의는 잠시 그 나름대로 쓰임 받고 이제 물러가는 겁니다. 교회가 가난한 사람들에 대한 사명감을 되찾게 되면 회교도 공산주의도 사라지게 되어 있습니다.

이제 21세기에 들어서면서 지식의 문제가 대두되기 시작했습니다. 창세기의 에덴 동산에서 하나님이 이 지식의 문제를 다룹니다.

> "여호와 하나님이 그 땅에서 보기에 아름답고 먹기에 좋은 나무가 나게 하시니 동산 가운데에는 **생명나무와 선악을 알게 하는 나무도 있더라**" (창 2:9)

에덴 동산에는 얼마든지 먹고 번영하고 행복을 누릴 수 있는 생명나무가 있고, 선악을 알게 하는 나무가 있었습니다. 우리말 성경에는 '선악을 알게 하는 나무'라고 되어 있는데 이것은 잘못된 번역입니다. 한문성경에서 한글성경으로 번역되면서 선악과로 되었습니다. 영어성경에는 선악과가 지식의 나무(tree of knowledge)로 되어 있습니다. 선악을 알게 하는 지식의 나무를 먹었다고 되어 있는데 그것이 선악과로 잘못 번역되었습니다.

> "선악을 알게 하는 나무의 실과는 먹지 말라 네가 먹는 날에는 정녕 죽으리라 하시니라"(창 2:17)

인간을 멸망시킬 수 있는 지식, 인간의 번영을 약속해 주는 지식 중 어느 것을 선택하느냐에 따라 인류의 운명이 결정됩니다. 요즘 정보통신 등 과학과 지식이 얼마나 발달되어 있습니까?

저는 근래에 이메일(E-mail)을 조금씩 사용하는데, 더듬더듬 쳐

서 탁 누르니까 편지가 금방 미국에 갑니다. 정말 신기합니다. 얼마나 편리한지 모르겠습니다. 컴퓨터로 편지를 써서 탁 누르면 영국에 금새 가고 또 금새 회답이 옵니다.

오늘날 발달되어 있는 지식이 창세기 2장에 나오는 죽게 하는 지식인지, 살게 하는 지식인지를 심각히 생각해 보아야 합니다. '하나님의 의'는 구원에 이르게 하는 지식이고 '사람의 의'는 멸망으로 가는 지식입니다. 신앙생활을 한다는 것은 나 자신과 가정과 세계를 구원하는 지식을 좇는 일입니다. '토지의 문제, 노동의 문제, 지식의 문제를 얼마나 잘 해결할 수 있느냐'가 번영을 약속해 주는 핵심적 출발점이 된다고 하겠습니다.

기독교, 공산주의 그리고 회교는 이러한 문제들로 인해 야기되는 가난에 대한 해답을 각기 다른 시각에서 제시하고 있습니다. 현재 회교 선교사는 186만 명에 이릅니다. 기독교는 가톨릭과 개신교를 합해 선교사가 14만 6천 명입니다. 회교와 기독교는 선교사 규모 면에서 경쟁이 되지 않습니다.

하버드 대학의 헌팅턴(Samuel P. Huntington) 교수는 21세기에 들어서면서 격심해지는 회교와 기독교 간의 대결을 '문명충돌'이라고 했습니다. 종교와 문명의 충돌시대가 온다고 주장했습니다. 회교세력들은 중동에서 쏟아지는 석유의 재력을 바탕으로 10년 안에 선교사 규모를 2백만 명이 넘게 하겠다고 장담합니다.

이와 대조적으로 기독교에서는 선교사가 점점 줄고 있습니다. 그런데 전세계에서 유일하게 선교사가 늘어나고 있는 나라가 있습니다. 바로 우리나라입니다. 즉 우리 민족이 바로 하나님이 말세에 복음전도를 위해서 택한 백성이라는 겁니다. 택한 백성으로 '조선 사람'(chosen people)을 선택했다는 말입니다.

세계 기독교 역사에서 한국의 기독교는 매우 특이한 경우입니다. 뜨겁게 복음을 사랑하고 전도하고 교회에 순종하고 십일조 헌금하고 새벽 제단 쌓고 전 세계적으로 타의 추종을 불허합니다. 이 속에 하나님의 섭리가 있다고 봐야겠습니다.

교회가 그 시대에 대한 비전을 가지려면 빈곤문제에 대한 확고한 대안을 마련해야 합니다. 농촌문제, 주택문제, 토지문제, 노동문제, 지식문제, 이런 문제들에 대해 성경에 근거한 영적인 대안을 제시할 수 있어야 합니다.

진정한 기독교인이 되려면 성경의 바탕에서 토지, 노동, 지식, 경제, 정치 전반에 걸쳐 식견이 높아야 합니다. 목사 말만 듣고 시키는 대로 '아멘' 하고 예배당 안에서 까무러쳤다, 깼다 한다고 해서 해결되는 것이 아닙니다. 어떤 방향으로 역사가 진행되어야 할 것인가에 대한 확고한 믿음을 가져야 합니다. 교인들의 학력이 문제가 아닙니다. 박사라고 해서 다 성경적인 지식인은 아닙니다.

초등학교밖에 안 나왔어도 정말 바른 지식과 바른 경륜을 추구할 수 있는 영적인 일꾼이 되어야 합니다. 그런 점에서 일반 교회와 두레교회가 질적인 차이가 있기를 바랍니다. 두레교회 교인들은 열심히 공부해야 합니다. 공부해서 하나님이 기뻐하시는 이 시대를 이끌어 갈 수 있는 경륜을 쌓아야 합니다.

"우리가 그리스도 안에서 그의 은혜의 풍성함을 따라 그의 피로 말미암아 구속 곧 죄 사함을 받았으니 이는 **그가 모든 지혜와 총명으로 우리에게 넘치게 하사** 그 뜻의 비밀을 우리에게 알리셨으니 곧 그 기쁘심을 따라 **그리스도 안에서 때가 찬 경륜**을 위하여 예정하신 것이니"(엡 1:7~9)

이것은 속죄, 곧 죄 씻음 받음에 대한 확신입니다. 구원받는 신앙을 얻은 사람은 지혜 충만, 은혜 충만하게 됩니다. 우리는 지혜와 총명이 넘치도록 기도해야 합니다. 지혜는 하늘에 속한 것이고 총명은 땅에 속한 것입니다. 지혜는 위로 하나님의 뜻을 분별하는 슬기이며, 총명은 땅에 속한 분별력(insight)입니다.

목회자는 지혜와 총명 중에 어느 쪽을 우선해야 합니까? 목회자는 지혜가 있어야 교우들에게 하나님의 뜻을 잘 깨닫도록 할 수 있습니다. 사업하는 장로는 지혜와 총명 중에 어느 것이 앞서야겠습니까? 총명이 있어야 불황에 대비하여 투자하고 좋은 아이디어로 상품을 개발하고 사람을 잘 쓸 수 있습니다. 사람 한 번 잘못 쓰면 평생 쌓은 것이 순식간에 날아가 버리는 일이 생길 수 있습니다.

이명박 장로님은 저하고 절친한 사이인데 참 아까운 분입니다. 예전 국회의원 선거 당시 종로에서 이종찬 씨와 경합을 벌였습니다. 한 사람이 이명박 장로님에게 선거를 두 달 정도 앞두고 돕겠다고 왔답니다. 그런데 그 사람이 선거가 끝나고 이명박 장로님의 당선이 확정된 후에 별 대단치도 않은 것을 가지고 이종찬 씨 진영에 가서 이러저러한 부정이 있었다고 알렸다고 합니다. 그것이 빌미가 되어 재판을 받게 되었고 당선이 무효가 되었습니다. 운동원 한 명 잘못 썼다가 평생 쌓아놓은 것이 날아갔던 겁니다.

베드로전서에 보면 '잘난척 하지 말고 두렵고 떨림으로 너희 구원을 이루라' 그랬습니다. '악한 무리가 우는 사자같이 먹을 것을 찾고 있으므로, 밥이 되지 않도록 이미 받은 구원을 두렵고 떨림으로 지켜 나가라' 고 말씀하십니다.

에베소서 1장 9절에서 '그 뜻의 비밀'은 하나님 뜻의 신비한 비밀입니다. 왜 신비라고 할까요? 성령 안에서만 알 수 있으므로 신비라고 합니다. 하버드대, 서울대를 나와도 절대로 알 수 없습니다. 두레교인들은 학력에 관계없이 사회적 신분에 관계없이 그리스도 안에서 '때가 찬 경륜' 이 있어야 합니다.

하나님의 경륜

성경 원문에는 경륜을 '오이코노미아' ($oi\kappa ovo\mu ia$)라고 합니다. 이 단어는 소유, 재산의 '오이코스' ($oi\kappa os$)와 '노미아' ($vo\mu ia$)란 말이 합쳐진 단어입니다. '오이코노미아' 란 말에서 나온 영어 단어가 두 개 있는데, 그 중 하나가 '이코노미' (economy) 즉 경제라는 단어입니다.

모든 물질 경제는 하나님이 창조하셨으므로 하나님이 소유주 (owner)이십니다. 하나님의 백성인 우리들, 곧 거듭난 성도들에게 경제를 맡기시는 겁니다. 그 맡은 직분을 잘 감당하는 태도를 '청지기 정신' 이라고 합니다. 게으르고 총명하지 못한 자는 때를 놓치고 부도를 냅니다. 마태복음 25장에서는 이런 사람을 '악하고 게으른 종' 이라고 했습니다. 그가 청지기 일을 등한시했으므로 쫓아낸다고 했습니다. 우리도 정신 바짝 차리고 순종해서 다시 일어설 수 있어야 합니다.

나머지 한 단어는 '에큐메닉스' (ecumenics)입니다. 다양한 여러 가지 것을 하나로 이끌어 나가는 일치(unity in variety)입니다. 복잡하게 꼬인 것을 딱 하나로 핵심을 잡아서 이끌어 나아가는 것입

니다. 그래서 이코노미와 에큐메닉스를 합하면 복잡한 현실을 총명과 지혜로 이끌어 나가는 하나님의 경영, 바로 경륜이 됩니다. '나는 공부를 못해서 경륜이 없다' 하는 것은 맞지 않는 말입니다. 하나님은 유능한 사람에게는 유능한 대로, 학식이 부족한 사람에게는 부족한 대로 각자에게 적합한 일을 맡기십니다.

저는 두레교인과 자녀들 중에서 네 분야의 인물이 배출되기를 기도하고 있습니다.

첫째는 21세기 통일한국 시대에 우리 민족을 이끌어갈 수 있는 정치적 지도자입니다. 통일한국 시대에 통일한국의 대통령이 되어 우리나라를 세계 일등 국가로 끌어 올릴 수 있는 정치적 지도력을 지닌 인물입니다. 둘째는 세계 수십 억 인구가 먹고 살 식량문제를 해결할 수 있는 경륜을 가진 인물입니다. 셋째는 세계 경영을 이루어낼 수 있는 경영인입니다. 넷째는 훈련된 두레신앙과 경륜으로 세계 비정부기구(NGO, Non Governmental Organization)를 이끌어 갈 수 있는 인재입니다.

저는 두레교회에서 재벌이 태어난다고 확실히 믿습니다. 저는 20년 전부터 이 말을 했습니다. 설교를 듣던 교인들은 다들 가난한 형편인데 재벌이 난다고 하니 황당하여 제 입만 쳐다봅니다. '저 목사님이 지금 무슨 소리를 하시는가' 그럽니다.

그런데 저는 자꾸 그 소리가 입에서 나옵니다. 저는 확실히 믿습니다. 여러분 중에 그리고 여러분 자녀들 중에 그러한 가능성이 존재합니다. 우리는 미래에 대해 도전해야 합니다. 지혜와 총명에서 나오는 경륜으로, 하나님의 오이코노미아를 가지고 도전하는 겁니다.

온 세계가 비정부기구(NGO)의 시대로 바뀌어 가고 있습니다. 훈련된 두레신앙과 경륜으로 세계의 비정부기구를 이끌어 갈 인재들을 우리가 길러내야 합니다. 헌금 걷어 목사가 좋은 차 타고 당회원들은 호텔에 가서 세미나 하고 이럴 때가 아닙니다. 교회에서는 국수 먹고, 또 가끔씩 굶는 것도 괜찮습니다. 다이어트하는 셈치면 되지 않겠습니까?

주일 날 봉사한다고 교회 돈으로 밥 사먹고 택시 타고 왔다갔다 하면서 헌금을 낭비하면 되겠습니까? 이런 것들을 아껴서 하나님의 경륜을 이 시대에 펼치는 데 써야 되겠지요. 하나님의 경륜으로 백성과 이 사회를 살린다는 확고한 신념을 가져야 합니다. 교인들이 기도하고 공부하여 미래를 준비해야 합니다.

저는 지금까지 북한에 네 번 갔다왔습니다만 갈 때마다 통일이 이미 진행되고 있음을 느낄 수 있었습니다. 남북정상 회담하고 와서 모두들 급하게 서두르는 경향이 있습니다.

"그러나 하나님께서 세상의 **미련한 것들을 택하사** 지혜 있는 자들을 부끄럽게 하려 하시고 세상의 **약한 것들을 택하사** 강한 것들을 부끄럽게 하려 하시며"(고전 1:27~28)

이에 대해 김대중 대통령은 통일이 되려면 앞으로도 한 30여 년 정도 걸릴 것으로 예상하고 있습니다. 옳은 식견이라고 생각합니다. 통일이 되어가는 과정이 중요합니다. 통일된 후에 한국은 우리 기독교가 책임져야 합니다. 기독교가 선두에 서서 우리 민족의 장래를 책임져야 합니다. 꼭 그렇게 되어야 합니다.

활빈운동

앞으로 두레교회같이 새로 일어서는 교회가 중요한 역할을 해야 합니다. 우리나라에 큰 교회들이 몇몇 있습니다. 큰 교회는 큰 교회대로 그 나름대로의 장점이 있습니다. 그러나 규모가 큰 교회는 자기 체중을 유지하느라고 다른 일을 하기가 어렵습니다. 교회 관리와 내부 문제에 매여 교회 밖에 있는 백성들의 문제, 나라 살리는 경륜의 문제로 나아가기는 어렵습니다. 예배당 울타리 안에서 맴돌 수밖에 없습니다.

예배당은 비가 새더라도 지혜와 총명으로 교회 밖의 백성과 역사를 살리는 일에 도전하는 교회가 되어야 합니다. 새로 생기는 변두리 교회들이 이런 일에 도전할 수 있습니다. 다른 데 신경 쓸 필요 없이 그 일에만 집중할 수 있기 때문입니다.

그렇다면 두레교회는 앞으로 무슨 일에 집중해야 할까요?

두레교회는 가난에 도전하려고 합니다. 활빈운동을 하는 겁니다. 지금 세계 여러 정치나 종교단체 중에서 가난의 문제에 나름대로 대안을 갖고 있는 세 체제가 있다고 그랬지요? 그 중 공산주

의는 지금 내리막길로 가고 있습니다.

아직도 관습에 매인 회교국가에서는 여자들이 얼굴을 가려야 하기 때문에 운전도 할 수 없을 정도입니다. 회교문화 자체가 시대에 뒤져 있습니다. 그런 회교세력에 세계의 운명을 맡길 수는 없습니다. 그렇다면 예수님의 교회가 21세기를 이끌어 가야할 것인데 이에 대한 확고한 대안은 무엇입니까?

정치적 자유, 경제적 평등, 문화의 성숙 등 인간답게 사는 삶의 질에 대해 교회가 도전해야 합니다. 그냥 '믿습니다' 하고 뜨거워지는 것만으로 되는 게 아닙니다. 뜨거워진 후에 모여서 공부하고 고민하고 의논하여 전략적으로 접근해야 합니다. 하나님의 구원역사는 바닥을 일으키는 곳에서부터 시작합니다.

> "하나님이 이 모든 말씀으로 일러 가라사대 나는 너를 애굽 땅, 종 되었던 집에서 인도하여 낸 너의 하나님 여호와로라"(출애굽기 20:1~2)

하나님의 구원역사는 출애굽할 때부터 구체적으로 시작됩니다. 당시 애굽에는 고관대작이나 지식인들이 많았는 데도, 하나님이 관심을 가지고 이끌어 냈던 백성들은 그 체제의 가장 밑바닥에서 종살이 하던 히브리 백성들이었습니다. 하나님은 바닥을 일으켜서 높은 데로 올리십니다. 예수님께서 사역을 시작하실 때 제자로 지식인을 뽑지 않으셨습니다.

불교는 석가모니로부터 시작되었는데 석가모니는 왕자였습니다. 석가모니를 따르던 제자들 중에는 왕족이나 귀족들이 즐비했습니다. 공자는 당대의 석학들 3천여 명을 제자로 거느렸습니다. 요즘 말로 하자면 법학 박사, 정치학 박사, 행정학 박사 등 당대의 석학들이 공자를 따랐습니다. 공자는 어떻게 하면 천하를 얻을 수 있을 것인가에 관심을 두었습니다.

그러던 중 공자가 노자에게 사람을 보냈습니다. "어떻게 하면 천하가 평화스러워지겠습니까" 하고 노자에게 물었더니 그가 대답하기를 "너희 스승 같은 사람이 없어지면 천하가 태평할 것"이라고 했답니다. 참 뼈가 있는 말입니다.

그러나 예수님은 석가모니나 공자와는 달랐습니다. 예수님은 완전히 밑바닥에 처진 사람 12명을 모아 놓고 "땅 끝까지 복음을 전하라"고 했습니다. 예수님의 제자 중에 과연 땅 끝이 어디인지 아는 사람이 있었을까요?

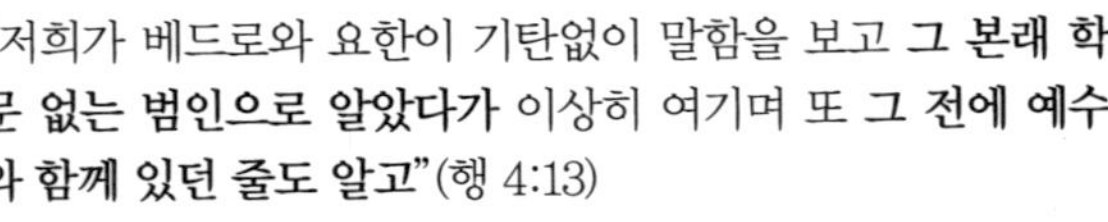

> "저희가 베드로와 요한이 기탄없이 말함을 보고 **그 본래 학문 없는 범인으로 알았다가** 이상히 여기며 또 그 **전에 예수와 함께 있던 줄도 알고**"(행 4:13)

예수님의 제자들은 학문적 소양이 없는 바닥 사람들이었습니다. 그런데 단 한 가지 예수님과 3년 간 같이 있었다는 것만으로 똑똑해진 겁니다. 학문도 없고 교양도 없고, 에티켓도 없는 밑바닥 인생들이었습니다. 예수님을 만나기 전에 그들은 들개처럼 노루처럼 다녔습니다. 그런데 예수님과 같이 다닌 3년이 그 사람들을 변화시킨 것입니다.

초대교회는 어땠습니까? 고린도전서 1장 26절에 보면 초대교회에 모였던 사람들의 수준이 어떠했는지 알 수 있습니다.

> "형제들아 너희를 부르심을 보라 육체를 따라 지혜 있는 자가 많지 아니하며 능한 자가 많지 아니하며 **문벌 좋은 자가**

많지 아니하도다"(고전 1:26)

꼭 두레교회 보고 하는 말 같지요? 교회에 그렇게 잘난 사람 있습니까? '나는 잘 났어' 하는 사람 손 들어 보세요? 그러면 손 들 사람 없습니다. 저부터 저희 할 아버지 3형제가 다 머슴이었습니다. 큰할아버지는 장가를 못 가 주인집에 가서 '딸을 안 주면 불을 지르겠다' 고 공갈을 쳐 장가를 갔습니다.

> "그러나 하나님께서 세상의 **미련한 것들을 택하사** 지혜 있는 자들을 부끄럽게 하려 하시고 세상의 **약한 것들을 택하사** 강한 것들을 부끄럽게 하려 하시며 하나님께서 세상의 **천한 것들과 멸시 받는 것들과 없는 것들을 택하사** 있는 것들을 폐하려 하시나니"(고전 1:27~28)

구원의 역사

왜 하나님이 그렇게 바닥에 있는 사람들을 좋아하셨을까요? 고린도전서 1장 29절에 그 해답이 나와 있습니다. 내가 실력 있고 문벌이 좋아서 성공한 것이 아니라, 하나님의 은혜로 되었음을 깨닫게 하려는 것입니다. 위로부터 오는 능력으로 성공하게 되었음을 드러내려고 하나님이 바닥 사람, 민초들을 그렇게 가까이 하신 것입니다.

> "이는 아무 육체라도 **하나님 앞에서 자랑하지 못하게** 하려 하심이라"(고전 1:29)

여러분, 자신감이 생깁니까? 하나님이 보시기에 우리같은 사람들이야말로 출신 성분이 끝내 주는 것입니다. 두레 가족들은 '하나님이 우리같은 사람들을 통해서 세상에 무엇인가를 보여주길 원하시는구나' 이렇게 자부심을 가져야 합니다.

한국 교회와 일본교회의 차이점이 무엇인지 아십니까? 100년 전에 아시아에 선교사를 보낼 때 하버드대학이나 프린스턴대학 출신 등 최고 엘리트 선교사들을 일본으로 보냈습니다. 그 다음 수준의 엘리트들은 중국으로 보냈습니다. 선교사 시험에 떨어질까 말까 하는 선교사들은 한국에 보냈습니다.

일본 기독교는 지식인이나 귀족들에게 먼저 접근했습니다. 그러나 한국 기독교는 완전히 바닥에서부터 시작했습니다. 특히 서북쪽 지역의 기독교 세력이 컸습니다. 서북지방의 바닥 사람들에게 복음이 들어가 그 사람들이 예수를 믿은 후에 신분이 상승한 것입니다. 전직 장관, 총리, 장성들이 모여 전에 자기 할아버지가 물 장사, 새우젓 장사, 머슴 살던 얘기를 하는데, 가만히 들어보면 이들 중에는 서북지방 출신들이 많습니다.

기독교가 밑바닥으로 들어와 복음을 받아들인 할아버지 할머니 세대의 기도로 손자들이 높은 자리에 있는 것입니다. 그 손자들이 그것을 잊어버리면 하나님이 아래로 떨어뜨리십니다. 뿌리를 알아야 합니다. 바닥에서부터 올라와 축복 받았으므로 다시 바닥으로 내려가 섬기는 마음을 가져야 한다는 말입니다. 한국 교회의 힘이 바로 거기에 있습니다.

제가 '이제 때가 됐다' 싶어 남양만 활빈교회를 후임자에게 물려주고 경기도 구리시에 위치한 두레교회로 올라오려고 할 때였습니다. 강남의 어떤 돈많은 재벌 기독교인이 50억을 들여서 250평이나 되는 장소를 법원 앞에 교회터로 마련해 놓았다고 그곳에서 목회를 하라고 연락이 왔습니다. 제 체질에 맞지 않아 거절했습니다. 저는 변두리에 있는 구리가 좋습니다. 비록 서울에서 떨어진 곳이지만 마음이 있는 사람이라면 언제라도 서울에서 올 수 있는 곳입니다.

제가 청계천에서 빈민촌 선교할 때 판자촌이 뜯기면 주민들이 구리나 성남으로 갔습니다. 다 그때 인연이 있었나봅니다. 구리에 와 보니 '참 하나님의 은혜로구나' 하고 깨닫습니다. 제 체질에 꼭 맞습니다. 바닥에서 우리는 복음의 능력으로 경륜을 가지고 위를 향해 가는 겁니다. '바닥에서 꼭대기로' 우리의 구호입니다. '위에서 밑으로'가 아니라 '바닥에서 꼭대기로', 빈곤에서 번영으로 이게 '활빈정신'입니다.

제가 전에 광주에 한 번 간 적이 있습니다. 어떤 분이 점심을 산다고 해서 따라 갔는데 뒷골목으로, 뒷골목으로만 들어갑니다. "목사님은 비싼 거 잡수시면 안 되지요" 하면서 어느 허름한 곳에서 국밥도 아니고 추어탕도 아니고 뭔가를 먹었는데, 어이구 배탈이 나서 혼났습니다.

또 7~8년 전 부산에서 집회가 있었을 때의 일입니다. "목사님, 콘도나 호텔에 가지 않는 것이 활빈정신이지요." 하고는 삼류여관에 방을 하나 얻어 줬습니다. 옆방에서 어찌나 시끄럽던지 밤새도록 한숨도 자지 못했습니다.

바닥에서 시작한 것이 활빈정신입니다. 빈곤을 '하나님의 경륜'으로 극복하자는 게 활빈정신입니다. 1971년 10월 3일 교회 창립 예배 때 읽은 본문이 이사야서 61장입니다. 활빈정신의 시작이라고 볼 수 있습니다.

> **"주 여호와의 신이 내게 임하셨으니 이는 여호와께서 내게 기름을 부으사** 가
> 난한 자에게 아름다운 소식을 전하게 하려 하심이라 나를 보내사 마음이 상한
> 자를 고치며 포로 된 자에게 자유를 갇힌 자에게 놓임을 전파하며"(사 61:1)

'성령이 내게 임하셨다', '기름을 부었다'는 말에는 두 가지 뜻이 들어 있습니다. 성령의 능력이 임했음과 사명 주셨음을 의미합니다. 이 본문이 왜 중요한지 아십니까? 이사야 선지자가 성령의 감동으로 쓴 이 본문을 예수님이 가리켜서 바로 내가 할 일이라고 하셨기 때문입니다.

> "예수께서 그 자라나신 곳 나사렛에 이르사 안식일에 자기 규례대로 회당에 들어가사 성경을 읽으려고 서시매 선지자 이사야의 글을 드리거늘 책을 펴서 이렇게 기록한 데를 찾으시니 곧 주의 성령이 내게 임하셨으니 이는 가난한 자에게 복음을 전하게 하시려고 내게 기름을 부으시고 나를 보내사 포로된 자에게 자유를 눈먼 자에게 다시 보게 함을 전파하며 눌린 자를 자유케 하고 주의 은혜의 해를 전파하게 하려 하심이라 하였더라 이에 예수께서 저희에게 말씀하시되 이 글이 오늘날 너희 귀에 응하였느니라 하시니" (눅 4:16~19, 21)

활빈정신의 시작

예수님은 활빈하려고 이 땅에 오셨습니다. 1971년 개천절 주일날에 활빈교회를 창립하는 선교정신 다섯 가지를 선포했습니다. 그때 제 나이가 서른이었는데, 지금도 읽어보면 마음에 듭니다. 장로회 신학대학 2학년 때의 일입니다.

첫 번째는 가난한 자들의 친구 되신 예수님을 빈민층에게 전하는 일입니다. 물론 지식인도 하나님이 사랑하시고 부자도 구원 받아야 합니다.

복음에는 신분의 차이가 없습니다. 지식인도 부자도 권력자도 다 하나님께서 사랑하십니다. 그들에게도 구원의 길이 열려 있습

니다. 지식인이나 부자나 권력자가 복음을 깨닫고, 자신의 지식과 재물과 권력을 어디에다 쓰라는 겁니까? 하나님 나라를 위해 사용한다면 더없이 좋은 일일 것입니다.

성경에서는 부를 가난한 자들을 위해서 쓰라고 합니다. 하나님이 부자를 싫어하는 게 아닙니다. 단지 부자들이 스스로 부를 나누지 않기 때문에 말씀하시는 것입니다. 하나님은 부자들이 가난한 자들에게 나누기를 원하십니다. 부자일수록 지식인일수록 권력이 있을수록 하나님이 많이 쓰실 수 있습니다. 그런데 이것을 자기만의 안일을 위해 쓰려고 하면 하나님이 쓰실 수 없습니다. 결국 하나님 보시기에 불충성한 것이 됩니다.

두 번째는 지역사회를 섬기는 교회가 되어야 합니다.

지금은 두레교회가 과도기에 있지만 한다리(구리시 소재) 골짜기에 판잣집이라도 지어서 빨리 들어가야 합니다. 지금은 워낙 시설이 옹색하고 불편하여 어떻게 해 볼 수가 없습니다. 우리가 모든 수단을 동원해서 9월부터 시작해야 합니다. 그리고 길은 찾으면 있기 마련입니다.

예배당 짓는데 돈 많이 들일 필요는 없습니다. 소리 잘 들리고 추울 때 발에 동상 안 걸리는 정도면 됩니다. 냉난방 시설을 완벽하게 갖추고 신사숙녀들이 모여서 '할렐루야' 하기를 기대하지 않습니다. 무슨 신사숙녀가 어디 있습니까? 신사숙녀는 선거할 때나 필요한 말입니다. 헐벗은 모습 그대로 나와도 하나님은 지켜보십니다.

교회가 자리하고 있는 지역사회의 백성을 섬기는 교회가 되어야 합니다. 예수님이 오셔서 목사를 구원하고, 목사는 예수님의 정신을 닮아서 교인을 섬겨야 합니다. 교인들은 목사 섬기고 예배당 섬기는 게 아니라 교회밖에 있는 백성을 섬겨야 합니다. 그게 영적 질서 아니겠습니까?

그런데 자꾸 예배당만 쳐다보고 목사 양복 해주네, 차 사주네 하는 예배당은 헐어버려야 합니다. 그런 예배당이 무슨 필요가 있겠습니까? 예수님과 관계없는 하나의 조직일 뿐입니다. 그런 예배당이 이 나라 안에 부지기수입니다. 교회는 많은데 힘을 쓰지 못합니다. 우리나라 교인들이 얼마나 십일조 헌금을 잘 합니까? 매월 교인들이 내는 십일조를 계산해 보면 천문학적인 숫자가 나올 것입니다. 그런 걸 우리가 어떻게 씁니까? 정말 반성해야 합니다.

두레교회는 빈약한 재정이지만 구리시와 남양주시의 중고등학생 장학사업을 시작했습니다. 아주 여론이 좋습니다. 그 지역 사람들이 두레교회는 늦게 시작했는데도 지역 내의 가난한 사람들에게 관심이 있다고 생각할 것입니다.

여전도회에서 부모 없는 아이들에게 반찬을 정성껏 만들어서 챙겨주면 그 아이들과 관계가 이루어집니다. 관계 속에서 전도가 시작될 수 있습니다. 무조건 '예수 믿고 회개하라' 그러면 어느 누가 하겠습니까? 관계를 맺어서 가슴이 통한 후에 복음이 그 안으로 들어갈 수 있습니다.

세 번째는 믿음으로 구원 받고 예수님의 사랑을 실천하는 교회가 되어야 합니다. 여러분, 우리가 다 예수님을 믿음으로 구원 받았지요? 믿음으로 구원 받은 사람들은 사랑으로 삽니다. 우리가 배운 사랑을 훈련하고 실천하는 교회가 되어야겠습니다.

네 번째는 사회정의를 실현하는 교회입니다. 우리 사회는 아직도 부정부패가 심하고 도덕성이 실추된 상태입니다. 하나님 보시기에 정직하고 부끄럽지 않은 삶을 살아야겠습니다. 그건 돈 드는 일이 아니지 않습니까? 우리가 도덕적으로 바로 살아서 우리 사회를 사람 살 만한 사회로 만들어야겠습니다.

다섯 번째는 한국적 신학, 한국적 교회구조, 한국적 전도방법을 발전시키는 일입니다. 한국 사람의 정서와 풍토, 문화에 맞는 교회가 되어야 합니다. 노회법의 테두리 안에서 독창적인 한국 교회를 발전시킬 수 있는 실험적인 두레교회가 되어야 합니다.

언젠가 미국에서 국제결혼한 부인이 남편에게 소박맞고 우울증에 걸려서 제 전화번호 하나 달랑들고 찾아 왔습니다. 저희 집에서 그냥 지내게 할 수도 없고 남양만에 있는 두레마을에 보내기도 힘이 들어 할 수 없이 되돌려 보냈습니다.

그 후 며칠 간 제 마음이 영 편치 못했습니다. 성령님이 꾸지람 하시는 것 같았습니다. 오갈 데 없는 할머니를 모셔와서 "장로님, 이 할머니 사랑하세요. 집에 데리고 있으세요"라고 할 수 있습니까? 부모 없는 애를 데리고 와서 "집사님, 사랑합시다. 이 애를 집에 좀 데리고 있으세요" 이럴 수 있겠습니까?

교회가 실질적으로 사랑의 공동체가 되기는 어렵습니다. 사랑하고 싶은 마음이 있어도 20~30평짜리 아파트에 다른 식구 들여 놓기가 쉬운 일이 아닙니다. 두레마을 같은 공동체가 필요한 이유가 바로 여기에 있습니다.

사명감이 있는 사람과 함께, 오갈 데 없는 사람, 장애인, 우울증 걸린 사람, 모두 같이 모여 사는 겁니다. 교회에서는 십일조 헌금을 거기에 쓰면 됩니다. 예산을 짤 때 예배당 유지관리하는 데 다 쓰고 목회자들 휴가비, 성가대 유지비, 이런 순서로 하다 보면 실제로 공동체에 돌아가는 몫이 없습니다. 예산의 우선 순위를 어떻게 책정하느냐가 중요한 문제가 됩니다.

> "매 삼 년 끝에 그 해 소산의 십분 일을 다 내어 네 성읍에 저
> 축하여 너희 중에 분깃이나 기업이 없는 **레위인과 네 성중에
> 우거하는 객과 및 고아와 과부들로 와서 먹어 배부르게 하라**
> 그리하면 네 하나님 여호와께서 너의 손으로 하는 범사에 네
> 게 복을 주시리라" (신 14:28~29)

요즘말로 '레위인'은 교회의 전임 일꾼입니다. 당시 레위인은
종교를 담당하는 공무원으로 볼 수 있습니다. '객'은 나그네입니
다. '와서 먹어 배부르게 하라'는 밥상공동체를 말합니다. 각 가
정에 사람을 배치하기는 어려운 일이므로 두레마을 공동체를 만
들어 거기에 밥상공동체를 실현하는 것입니다. 열심히 사업해서
교회 십일조로 공동체를 실현하는 일에 쓸 수 있기를 바랍니다.

한국의 기독교는 지금 과도기로 볼 수 있습니다. 한경직 목사님
이 돌아가시고 한국 교회를 대표할 얼굴도, 교회도 없습니다. 각
교회들이 교회 내부 문제를 해결하느라 급급하기 때문입니다. '한
국 교회' 하면 어느 교회에 가보라고 내세울 만한 교회가 없습니
다. 우리가 잘해야 합니다. 다른 사람들 신경 쓸 것 없습니다.

저는 요즘 텔레비전이나 신문에서 취재하려고 하면 거절합니
다. 제가 신림동에서 화장실 치우는 것을 텔레비전에서 방송한 이
후로 제주도 가도 강원도 가도 어딜 가나 변소 치던 목사라고 합
니다. 목사가 텔레비전에 자주 나가는 것도 별로 안 좋더라구요.
방송매체에 알려지는 게 중요한 것이 아니라 하나님이 기뻐하시

는 경륜의 실천이 있어야 합니다.

30년 간 여러분과 두레교회와 제가 몸으로 쌓아온 방식이 있지 않습니까? 하나님이 기뻐하시는 일에 두레교회는 십일조 헌금을 집중하려 합니다. 예수 안 믿던 사람도 은혜를 받도록 해야 합니다.

제가 북한 가서 나진, 선봉 지역의 지도자들을 모아 놓고 그 동안 살아온 이야기를 하니까 이 사람들이 정신없이 듣습니다. 은혜 충만하게 듣는 겁니다. 왜 이 사람들이 이렇게 집중해서 들을까를 생각해보니 두레마을 공동체, 빈민촌 운동, 이런 것들이 모두 다 북한의 이야기이기 때문입니다. 제 얘기가 모두 자신들에 관한 것이므로 넋을 잃고 듣는 것입니다. 자꾸 더 해달라고 졸라서 밤 10시에서 새벽 3시까지 5시간 동안이나 얘기했습니다.

그 다음날 아침 9시 반에 북한 거류민증을 만들어서 왔습니다. '우리는 김 목사님을 동지로 인정한다'면서 북한 어디든지 갈 수 있는 거류민증을 가지고 왔습니다. 제가 남한에 사는 북한 거류민 제 1호입니다. "이거 남한에 가면 무기징역 살겠는데…." 했더니 "남한에서 괄시하면 오시라요. 강선우 사모님도 데리고 오시라요." 하지 않겠습니까. 게다가 "목사님이 「중앙일보」에 칼럼 쓰셨지요?" 하더라구요. 정말이지 북한의 정보력은 알아줄만 하지요?

이 시대에 우리는 복음의 능력으로 경륜을 체득해서 백성들 가슴을 뜨겁게 해야 합니다. 바닥 사람이든, 노동자든, 농민이든, 북한 사람이든 모든 이에게 예수님 안에 희망이 있다는 사실을 알려야 합니다. 이것을 사람들에게 심어줘야 합니다. 이것이 바로 진정한 의미의 선교입니다.

두레교인들끼리 모여서 예수 믿고 '아, 감사하다 오늘 말씀 좋다 할렐루야' 그러지 않도록 노력하고 있습니다. 그러면 하나님이 기뻐하시지 않기 때문입니다.

한국 교회가 지금 침체에 빠질 수밖에 없는 이유 중 하나는 일주일 동안 성경과는 아무런 관계도 없는 삶을 살다가 주일날 목사님 쳐다보고 헌금 내고 그냥 가 버리는 데 있습니다. 교회에 큰 식당을 지어서 예배 마치면 다 함께 식사하고 이야기를 나누면서 교제하다가 집으로 가야 합니다.

제가 축도 끝내자마자 나와도 교인들 뒷모습 밖에 볼 수 없습니다. 집에 불이라도 난 것처럼 도망치듯이 가버립니다. 왜 그렇게 예배당 와서 줄행랑을 놓습니까? 남양만에서는 전 교인들이 함께 식사하고 헤어졌는데, 도시교회에 와 보니 참 이상합니다. 왜 그럴까요? 성도의 교제가 빠져 있기 때문입니다. 성도의 '코이노니아', 성도의 교제를 통해서 얻는 것이 무엇인지 아십니까?

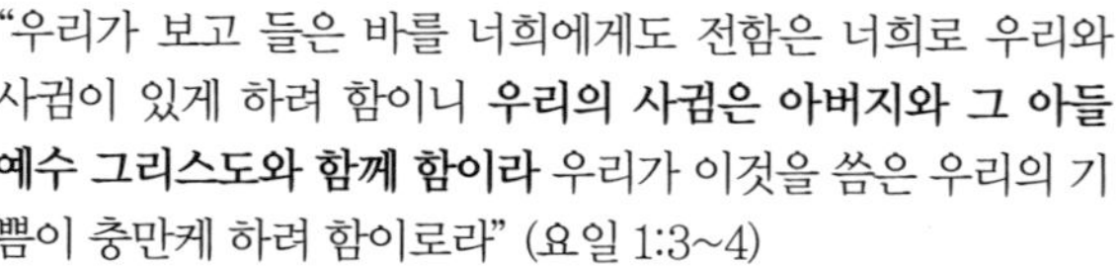

> "우리가 보고 들은 바를 너희에게도 전함은 너희로 우리와 사귐이 있게 하려 함이니 **우리의 사귐은 아버지와 그 아들 예수 그리스도와 함께 함이라** 우리가 이것을 씀은 우리의 기쁨이 충만케 하려 함이로라" (요일 1:3~4)

예수님을 중심에 모시고 교제하여 그 결과로 얻어지는 게 무엇이겠습니까? 기쁨 충만이 성도의 교제를 통해 이루어질 수 있습니다. 하나님의 경륜을 통하여 앞으로 두레교회가 그런 교회를 멋지게 만들려고 합니다. 예수 믿는 게 멋이 있고 신명나고 재미가 있어야 합니다. 안 그렇습니까? 어려울 것 없습니다. 그런 교회를 자손대대로 물려줘야 합니다.

'오늘 설교 듣고 나서 하품 나고 지루하기만 했으니 헌금 내지 말고 가자, 신경질 난다!' 이런 교회를 물려주어야 하겠습니까? 하나님이 기뻐하시고 백성들이 인정하는 교회, 은혜와 말씀으로 영육 간의 빈곤을 극복하는 교회로 이끌어 갈 것으로 믿습니다.

주님 은혜를 감사 드립니다. 성령이 우리에게 임하셔서 기름을 부우시고 가난한 자들에게 아름다운 소식을 전하라는 능력과 사명을 주셨음을 감사 드립니다. 하나님이 주시는 지혜와 총명으로 신비한 은혜 중에 경륜을 받아 그 경륜으로 우리 백성을 살리는 일에 쓰임 받게 하여 주시옵소서.

우리들 가슴에 품은 경륜으로 인하여 백성들에게 꿈을 주며 소망을 줄 수 있는 살아 있는 교회, 힘을 얻어 움직이는 교회, 이 시대에 사명을 능히 감당하는 교회로 자라게 하옵소서.

그런 신앙으로 인하여 우리가 신명나고 멋있고 사명을 능히 감당하는 교회로 자라게 하시며, 기쁨이 충만한 우리들의 삶이 되도록 인도하시기 바랍니다. 예수님 이름 받들어 기도 드립니다.

4. 바닥정신

The Spirit and Vision of the Doorae Community

"내가 오늘날 명하는 모든 명

령을 너희는 지켜 행하라 그

리하면 너희가 살고 번성하고

여호와께서 너희의 열조에게

맹세하신 땅에 들어가서 그것

을 얻으리라" (신 8:1)

바닥정신

"너희 안에 이 마음을 품으라 곧 그리스도 예수의 마음이니 그는 근본 하나님의 본체시나 하나님과 동등됨을 취할 것으로 여기지 아니하시고 오히려 자기를 비어 종의 형체를 가져 사람들과 같이 되었고 사람의 모양으로 나타나셨으매 자기를 낮추시고 죽기까지 복종하셨으니 곧 십자가에 죽으심이라 이러므로 하나님이 그를 지극히 높여 모든 이름 위에 뛰어난 이름을 주사 하늘에 있는 자들과 땅에 있는 자들과 땅 아래 있는 자들로 모든 무릎을 예수의 이름에 꿇게 하시고 모든 입으로 예수 그리스도를 주라 시인하여 하나님 아버지께 영광을 돌리게 하셨느니라" (빌 2:5~11)

본 주제와 관련이 있어 창세기에 대해 몇 말씀 드리겠습니다. 창세기는 총 50장인데, 두 부분으로 되어 있습니다. 1~11장까지 전반부, 12~50장까지가 후반부로 그 내용만 보면 완전히 별개의 책이라 할 수 있습니다.

1~11장까지를 '원역사'(original history) 또는 '세속사' 라고도 합

니다. 하나님을 잃어버린 인간의 역사입니다. 12~50장까지를 '구속사'(heil geschichte), 거룩한 역사라고 합니다. 아브라함과 그 가문을 통한 하나님의 구원 계획을 드러낸 역사로 족장사라고도 부릅니다.

세속사와 구속사

1~11장까지 전반부의 특징은 하나님을 잃어버린 인간의 역사가 어떤 방향으로 흘러 갈 지 알려주고 있습니다. 에덴동산에서 추방당한 후에 인간은 하나님 없는 상태에서 끊임없이 올라가고자 했습니다. 교만을 추구하는 역사입니다. 성경에서 하나님께서 제일 나쁘게 보시는 죄가 교만입니다. 교만이란 인간의 자기 중심적인 태도입니다. 하나님의 자리에 인간이 올라가려는 인간의 내면 세계가 바로 교만입니다. 그 교만의 역사가 어디까지 올라갔습니까? 창세기 11장에 나오는 바벨탑 사건을 통해 상징적으로 인간의 교만을 설명하고 있습니다.

> "또 말하되 자, 성과 대를 쌓아 대 꼭대기를 **하늘에 닿게 하여 우리 이름을 내고 온 지면에 흩어짐을 면하자** 하였더니" (창 11:4)

여기에는 세 가지 계획이 나옵니다. 첫째 '하늘에 닿자', 둘째 '이름을 내자', 셋째 '단결하자' 입니다. 하나님 없이 사람들이 뭉치면 결국은 어떤 결과가 발생합니까? 히틀러가 나오고 스탈린이 나오고 제국주의가 나옵니다. 인간을 인간으로 대하지 않습니다. 권력 잡은 사람, 재물 잡은 사람들이 같은 형제들을 짓밟고 유린하는 역사가 진행됩니다. 그러니 바벨탑을 쌓았을 때 하나님이 가만히 계셨습니까?

"여호와께서 가라사대 이 무리가 한 족속이요 언어도 하나이
므로 이같이 시작하였으니 이후로는 그 경영하는 일을 금지
할 수 없으리로다 자, 우리가 내려가서 거기서 그들의 언어
를 혼잡케 하여 그들로 서로 알아듣지 못하게 하자 하시고
여호와께서 거기서 **그들을 온 지면에 흩으신고로 그들이 성
쌓기를 그쳤더라**" (창 11:6~8)

하나님께서는 교만의 역사를 중단시키기 위해서 인간의 경영을
중단시켰습니다. 하나님께서 내리신 결론입니다. 땅 위에 뿔뿔이
흩어버리셨습니다. 그때부터 인류가 온 지면에 흩어지게 되었습
니다.

"여호와께서 아브람에게 이르시되 너는 **너의 본토 친척 아비
집을 떠나** 내가 네게 지시할 땅으로 가라" (창 12:1)

12장 1절부터 하나님의 역사, 즉 구원의 역사가 시작됩니다. 하
나님께서 아브람을 불러내어 떠나게 하십니다. 영적인 삶, 그 삶을
살려면 떠나는 것부터 먼저 제대로 해야 합니다. 은혜와 사명을 알
기 전에 세상에 속했던 목표나 인간 관계, 습관을 철저하게 떨치지
못하면 예수를 믿는다고 믿어도 영적으로 깊이 자라지 못합니다.
내 영혼이 회개하고 새로워지려면, 철저한 자기 단절이 있어야
합니다. 떠나는 것을 철저히 한 만큼 영적으로 깊어집니다.

구원의 역사는 교만을 추구하는 인간의 역사와는 다릅니다. 구
원의 역사는 내려감을 추구합니다. 하나님이 없는 역사, 세속사에
서는 인간이 바벨탑까지 올라갔습니다. 하나님의 역사, 구원의 역

사는 아브라함에서부터 시작해서 세상에 속해 있던 모든 지난 세월을 떨쳐버리고 내려갑니다. 어디까지 내려가야 합니까?

> "오히려 자기를 비어 종의 형체를 가져 사람들과 같이 되었고 사람의 모양으로 나타나셨으매 **자기를 낮추시고** 죽기까지 복종하셨으니 곧 **십자가에 죽으심이라**" (빌 2:7~8)

십자가에까지 내려갑니다. 하나님께서는 자기를 낮추시고 십자가에까지 내려가셨습니다. 하나님의 구원역사는 하나님이 세상에서 고난 당하고 밑바닥으로 내려가서 십자가를 향해 더 낮아짐으로 완성됩니다. 이것이 바로 구원의 역사입니다.

좋은 교회, 바른 신앙인이 되려면 자꾸 낮아지는 길로 내려가야 합니다. 세계에서 제일 큰 교회가 되려 하고 유명해지려고 하면 문제가 생깁니다. 높은 곳을 바라보고 가는 신앙은 영적이지 못합니다. 낮은 데로 내려가기를 추구하고 섬기는 종이 되는 것을 기뻐해야 합니다.

여호수아 1장에 보면 제2대 지도자인 여호수아에게 가나안 땅에 들어가서 어떻게 백성을 이끌어야 할 지를 당부하는 하나님의 말씀이 나옵니다. 이 말씀을 두레신앙과 두레공동체의 사상을 중심으로 두레교회 교인들이 이 땅에서 가져야 할 마음가짐과 신앙적 원칙에 대한 중요한 지침으로 삼고 있습니다.

> "여호와의 종 모세가 죽은 후에 여호와께서 모세의 시종 눈의 아들 여호수아에게 일러 가라사대" (수 1:1)

이 말씀 속에 한 시대가 가고 새로운 시대가 옵니다. 애굽에서 종살이 생활을

하다가 출애굽하여 광야를 방황하던 시대는 가고, 가나안 땅, 약
속의 땅에서 새로운 역사를 경영할 새 시대가 시작됩니다. 새로운
시대, 새로운 지도자 여호수아에게 여호와께서 말씀하십니다.

여호수아는 하나님이 당부한 '백성들과 이렇게 처신하라' 는 다
섯 가지를 평생동안 철저하게 지켰기 때문에 성공한 사람입니다.
여호수아의 별명이 '상승장군 여호수아' 로 나오는데 모세를 이어
받은 제2대 지도자로서 자기 경영에 성공한 사람입니다. 그는 백
성을 이끌기 전에 자기 자신과의 싸움에서 승리했던 사람입니다.
그렇게 승리할 수 있었던 기준을 여호수아서 1장에서 말씀하고 있
습니다.

> "내 종 모세가 죽었으니 이제 너는 이 모든 백성으로 **더불어
> 일어나** 이 요단을 건너 내가 그들 곧 이스라엘 자손에게 주
> 는 땅으로 가라" (수 1:2)

백성들과 더불어 한마음 한뜻으로 합심 기도, 합심 노력, 공동
체를 이루는 겁니다. '더불어 일어나' 라는 말은 '지도자인 나를
무조건 따르라' 거나, '나는 대장이니 너희는 이렇게 해라' 하는 일
방적인 지시가 아닙니다. 백성들과 같이 먹고, 같이 자고, 같이 싸
우라는 것입니다. 열린 지도력, 민주적 지도력, 공동체적 지도력
이라고 할 수 있습니다.

정치학에서는 지도력을 말할 때 세 가지로 분류합니다.

첫째는 모세, 박정희, 김일성, 모택동처럼 권위에 의존하는 지도

력(charismatic leadership) 입니다. 둘째는 방임형 지도력입니다. 전 노태우 대통령 같은 스타일입니다. 앉아서 돈이나 챙기고 정치는 관심사가 아닙니다. 하나님의 은혜로 나라가 유지되었던 것이지요. 셋째가 소위 새로운 시대에 바람직하다고 할 수 있는 민주적인 지도력(democratic leadership)입니다.

바람직한 교회는 이 형태를 따라야 합니다. 목회자는 교인들과 더불어 합심 기도하고 의논하고 교인들은 교회에 주인의식을 가져야 합니다. 목회자가 요구하는 대로 행동하는 교인은 어리석은 사람입니다. 목회자가 각자의 영혼을 책임질 수 없기 때문입니다. 목사가 비뚤어지면 전 교인이 다 비뚤어져야 하겠습니까?

목사와 교인이 다 예수님 안에서 같은 길을 가는 동역자, 형제 자매가 되어야 합니다. 목사라고 너무 높일 것 없고 그렇다고 너무 낮출 것도 없고 다 같은 믿음의 가족으로 보아야 합니다. 새로운 시대에 하나님이 여호수아에게 그것을 주문하는 것입니다. 너는 백성들보다 높아지지도 낮아지지도 말고 백성들과 더불어 가나안 땅으로 들어가라는 당부를 하셨습니다.

"내가 모세에게 말한 바와 같이 무릇 너희 발바닥으로 밟는 곳을 내가 다 너희에게 주었노니" (수 1:3)

꿈에도 그리던 약속의 땅 가나안에 들어 갈 때에 하나님은 이스라엘 백성들에게 얼마만큼의 축복의 땅을 허락하셨습니까? 하나님이 그 땅의 경계선을 미리 정해 놓고, '여기부터 저기까지 너희에게 주는 땅이다'라고 하지 않으셨습니다. 땀 흘리고 피 흘리고 인생을 투자해서 발바닥으로 밟는 만큼이 너희들의 축복의 몫이라고 하셨습니다. 게으르고 두려워서 안 밟으면 자기 땅이 안되고, 담대하게 용기와 개척정신을 가지고 발바닥으로 밟아 나가는만큼 축복의 땅이 됩니다.

바닥정신

두레교회 성도들은 하나님이 약속하신 그 축복을 현실로 이루려 노력하고 있습니다. 예수님이 자신을 낮추어 이 땅에 찾아 오셨듯이 바닥에서부터 인생을 투자해서 열심히 밟아 나가는 신앙인이 되기를 바랍니다.

우리한테는 천국에 가면 무궁무진한 안식이 약속되어 있습니다. 천국의 안식을 바라보고 땅에서는 땀 흘리고 인생을 투자하고, 고난을 오히려 기쁨으로 바꾸겠다는 다짐을 해야겠지요. 예수 믿고 축복 받아서 편하게 대접 받고 높임 받으려는 이런 생각만 하다 보면 성경적인 신앙에서 자기도 모르는 사이에 벗어나게 됩니다.

시작부터 지금까지 활빈두레운동이 일관되게 추구한 것이 있습니다. 바로 바닥정신입니다. 축복은 밑바닥에서부터 쌓아 올리는 것이지 위에서 낙하산 타고 내려오지 않습니다. 하나님이 나를 위해 죽으시고 구원하신 은혜에 감사하며 구속신앙에 대한 확고한 신앙고백으로 살아가는 겁니다. 섬기는 자로서 열심히 바닥에서 사는 겁니다.

저는 이 땅에 있는 동안 호강하고 편하게 지낼 생각이 없습니다. 이 땅의 개척자로서 내가 숨쉬고 있는 한 바닥부터 발바닥으로 밟아 나간다는 말씀을 가슴에 새기고 공무원이든 목회자든 가정주부든 장사꾼이든 그 자리에서 최선을 다해야 합니다.

모세의 경우는 어땠습니까? 나이 여든이 되었을 때 하나님이 모세를 불러 쓰셨습니다. 하나님이 호렙산 떨기나무 불꽃 가운데 임하여 모세에게 이르십니다. 하나님이 떨기나무 불꽃 가운데 임했다는 그 자체가 아주 중요합니다.

나무 중에도 미송, 향나무, 오동나무 등 좋은 나무도 많은데 왜 하찮은 떨기나무 불꽃 가운데 임하셨을까요? 떨기나무는 가시가 숭숭 나고 찔레나무 비슷하게 생겼습니다. 하나님은 잘난 사람만 사랑하시는 게 아닙니다. 나무 중에 후진 떨기나무 같이 미약한 사람 한 사람 한 사람을 통해서 하나님의 능력을 나타내기를 기뻐하신다는 의미입니다.

두레교인들 중에 학력이 낮고 사회적으로 미약한 지위에 있는 사람도 많습니다. 그러나 저는 기가 죽을 이유 하나도 없다고 늘 말합니다. '나무 중에 떨기나무를 쓰신 하나님께서 사람 중에 떨기나무처럼 부족한 저도 쓰실 줄 믿습니다'라고 확신을 가져야 합니다. 안 그렇습니까? 학벌이 높아봤자 그것이 하나님 앞에 대수겠습니까? 천국에서 보면 지방대학이나 서울대학이나 하버드대학이 무슨 차이가 있겠습니까? 하나님은 그 중심을 보실뿐 학벌이나 재물에 관심을 가지지 않으십니다.

떨기나무같이 보잘 것 없더라도 진심으로 하나님께 쓰임 받기를 원하고 헌신하기를 원하는 준비된 사람을 찾으십니다.

"하나님이 가라사대 이리로 가까이 하지 말라 너의 선 곳은 **거룩한 땅이니 네 발에서 신을 벗으라**" (출애굽기 3:5)

'네가 신발을 신고 어디를 그렇게 바쁘게 다니느냐? 내가 너에게 주는 사명에 살고 사명에 죽어라. 자기 발에 걸친 것 다 벗어 놓고 하나님의 부르심에 자기 인생을 투자하라'는 겁니다. 히브리서 11장에서 여호와 앞에 신발 벗고 시작하는 모세의 삶에 대해서 뭐라고 했습니까?

> "믿음으로 모세는 장성하여 바로의 공주의 아들이라 칭함을 거절하고 도리어 **하나님의 백성과 함께 고난 받기를** 잠시 죄악의 낙을 누리는 것보다 더 좋아하고 그리스도를 위하여 받는 능욕을 애굽의 모든 보화보다 더 큰 재물로 여겼으니 이는 상 주심을 바라봄이라" (히 11:24~26)

예수님이 하늘 보좌를 버리고 땅에 오셨듯이 모세는 애굽 왕궁의 미래가 보장된 삶을 버렸습니다. 고난 받기를 자청했습니다. 고난 받기 위해서 밑바닥으로 내려가는 겁니다. 그래서 모세를 구약의 예수님, 작은 예수님의 모습이라고도 말합니다. 애굽 왕궁의 편하고 화려한 삶을 스스로 버리고 종살이 하는 동족들에게로 자기를 낮추어 내려왔기 때문입니다.

하나님은 그때나 지금이나 자기 백성들이 그렇게 바닥까지 낮아져서 하나님의 마음으로 새롭게 시작하기를 바라십니다. 세상 것을 버리지 않고 그 자리에만 있으려 하면 하나님께서 강제로 빼앗아 버리는 경우가 생깁니다.

조건부 축복

신명기 7장과 8장을 축복장이라고 말하는데, 하나님께서 축복을 주시기 전에 '축복'을 줄 대상인 자기 백성들에게 먼저 하시는 일이 있습니다. 신앙을 바로 이해하기 위해 주의깊게 읽어야 할 중요한 부분입니다.

> "내가 오늘날 명하는 모든 명령을 너희는 지켜 행하라 그리하면 너희가 살고 번성하고 여호와께서 너희의 열조에게 맹세하신 땅에 들어가서 그것을 얻으리라" (신 8:1)

예수 믿고 구원 받는 것은 무조건 믿으면 다 구원 받기 때문에 '무조건 구원'이라 합니다. 축복 받고 사명자로 쓰임 받는 것은 축복 받을 삶의 실천이 있어야 하므로 '조건부 축복'이라고 합니다. 약속의 땅을 얻어서 번영을 누리기 전에 먼저해야 할 일이 2절에 나와 있습니다. 2절과 3절을 거쳐야만 번영의 역사로 나아갈수 있습니다.

그런데 우리들이 잘못 생각하고 있는 부분이 있습니다. 한국 교회의 전반적인 취약점이라고 할 수 있습니다. 십자가의 밤을 거쳐서 부활의 새벽이 오는 것인데 고난의 십자가의 밤은 빼 버리고 부활의 새벽 이야기만 하니까 절름발이 복음이 됩니다. 골고다 언덕의 길고 긴 고난의 밤을 지나서 십자가의 밤을 거쳐 부활의 새벽을 맞이하는 것입니다. 부활의 약속만 하고 십자가의 고난이 빠져 버리면 복음의 역사가 중단돼 버립니다. 안 그렇습니까? 그것은 우리 목회자들과 설교자들 자신이 성경적인 신앙에 대한 올바른 이해가 결여되어 잘못 살고 있기 때문입니다.

구약의 신명기에서 이미 이 부분에 대해 말하고 있습니다. 신명기는 모세의 세 편의 설교로 구성되어 있습니다. 세 편의 설교는 가나안 땅에 들어가서 하나님이 주신 약속, 축복을 누리기 전에 가져야 할 신앙과 마음가짐에 관한 내용입니다.

"네 하나님 여호와께서 **이 사십 년 동안에 너로 광야의 길을
걷게 하신 것을 기억하라 이는 너를 낮추시며 너를 시험하사**
네 마음이 어떠한지 그 명령을 지키는지 아니 지키는지 알려
하심이라" (신 8:2)

광야 40년을 왜 주셨습니까? 하나님께서는 미래의 축복을 주시

기 위해서 지금 꺾어 낮추시는 겁니다. 미래의 성공을 주시기 위

해 지금 망하게 하시는 것입니다.

가만히 자신에 대해 생각해 봅시다. '내 사업이나 내 인생이 그

렇게 될 것이 아닌데 하나님이 망하게 하셨다' 그렇게 생각하는

분 없습니까? 하나님이 낮추시는 거예요. 잘 나가던 인생, 탄탄대

로를 걷던 사업을 어느 날 갑자기 하나님이 망하게 하십니다. 하

나님이 낮추는데 누가 당하겠습니까? 그런데 왜 그렇게 하실까

요? 성공하여 번영을 이룬 뒤에 하나님의 일꾼이 될 것인지 재물

이나 기업을 자기 소유로 할 것인지, 하나님께 돌려드릴 것인지

알아보려고 하나님이 낮추시고 시험하신다는 말입니다. 망한 후

에야 '이 모든 것이 내 소유가 아니었구나' 깨닫게 된다면 안타까

"내가 오늘날 명하는 모든 명령을 너희는 지켜 행하라 그리하면 너희가 살고 번성하고
여호와께서 너희의 열조에게 맹세하신 땅에 들어가서 그것을 얻으리라" (신 8:1)

운 일입니다.

하나님이 낮추시기 전에 결심을 단단히 하고, 믿음이 바로 서면 완전히 망할 일은 없겠지요? 미리 알아서 하면 '너는 낮추지 않아도 되겠구나' 그렇게 하신다 이 말이지요. 마음 속에 미리 다짐을 해야 합니다. "지금 있는 것도 하나님 것입니다. 앞으로도 맨바닥의 마음으로 살겠으니 지켜주십시오." 자기 발로 바닥에 내려가서 겸손하게 새로 시작하는 겁니다.

남양만 활빈교회를 후임자에게 맡기고 구리에서 두레교회를 정식으로 시작할 때입니다. 제 마음 속으로는 여름 지내고 9월부터 두레교회 목회를 제대로 하려고 했습니다. 일을 좋아해서 여기저기 일도 많이 벌였습니다. 그중에 잘된 것도 있고 잘 안 된 것도 있습니다만 사실 되는 것보다 안 되는 것이 훨씬 더 많았습니다.

두레마을 식구들이 저보고 그럽니다. "목사님 은사가 망하는 것 아닙니까?" 맞습니다. 제대로 안 되는 일이 더 많습니다.

그런데 원칙이 하나 있습니다. 먼저 기도하고 하나님의 뜻을 분별하는 일입니다. 교회는 어떠한 경우에도 신령하고 영적이라야 하지 않습니까? 교회는 예수님의 친목을 위해 모인 것도 아니고 사업하려고 모인 것도 아닙니다. 정말로 영적인 교회가 되지 않으면 어느 순간 하나님이 낮추십니다.

> "그러므로 형제들아 우리가 빚진 자로되 육신에게 져서 육신
> 대로 살 것이 아니니라 너희가 육신대로 살면 반드시 죽을 것
> 이로되 영으로써 몸의 행실을 죽이면 살리니" (롬 8:12~13)

영으로써 육신적인 것, 세상적인 것을 죽이고 통제하라고 말씀합니다. 육신을 무시하지도 말고, 육신에서 도망가지도 말고, 영적인 것이 중심이 되어서 세상적인 것, 육신적인 것을 통제하라는 말입니다.

두레교회의 목회방향

구리에서 두레교회를 시작할 때 제가 생각한 세 가지 원칙이 있습니다. 앞으로 두레교회의 목회 방향입니다.

첫째는 영적인 교회가 되어야 합니다. 기도하고 말씀 중심으로 사는 교회가 되는 것입니다.

둘째는 두레공동체 이름으로 여러 가지 일을 했습니다만, 확실한 것은 그 모든 일에 교회가 중심이 되어야 한다는 것입니다. 두레교회가 모든 일에 중심이 되어 감당할 수 있는 일은 남기고, 감당할 수 없는 일은 버려야 하겠습니다. 두레교회가 자란 만큼 여러가지 사업도 자라야 합니다.

제가 남양만에서 경험했습니다. 교회가 중심이 되고 교회에서 일꾼이 나와 뒷받침하고 끌어주지 못하면 일이 제대로 되지 않습니다. 그렇지 않으면 새마을사업이나 복지사업처럼 되어 버립니다. 불쌍한 사람을 돕는 것은 기독교인의 의무이고 교회의 사명이지만 그렇다고 교회가 복지사업하는 곳은 아닙니다. 복지사업이 교회의 중심은 아니라는 것입니다.

우리는 구원 받은 사랑에 대한 실천으로서 주위의 어려운 사람들을 항상 품어주고 도와 주려 합니다. 많은 선교단체들이 예수의 이름으로 봉사하고 구제활동을 시작합니다.

그러다가 나중에는 사업만 남고 진정한 예수 사랑은 뒷전이 되는 과오를 범하는 경우가 있습니다. 일만 커지고 예수님은 사라지면 어떻게 되겠습니까? 교회가 힘이 있고 중심이 되어야 합니다. 어떻게 하면 교회를 중심으로 일을 잘 감당할수 있을지 자주 모여 기도하고 토론해야 합니다. 교회가 중심이 된다는 말에 대해 에베소서 2장에서 생각해 볼 수 있습니다.

> **"그러므로** 이제부터 너희가 외인도 아니요 손도 아니요 오직
> 성도들과 동일한 시민이요 하나님의 권속이라" (엡 2:19)

'그러므로' 앞에 신앙 고백이 있습니다. 기독교는 '그러므로'(therefore) 신앙입니다. '그러므로'는 '우리가 우리의 신앙을 고백하므로'를 의미합니다. '그러므로' 앞에 예수님이 우리 죄를 위하여 십자가에 죽으셨으므로 또 부활의 능력으로 살아나셨으므로, '그러므로' 우리는 하나님의 권속으로 살자고 고백하는 것입니다. '그러므로' 앞에 예수님이 우리를 위해 이루어 놓으신 구원의 사건이 있고, 그 신앙고백으로 나가는 것입니다. 고백할 수 있는 것입니다.

따라서 우리는 하나님의 가족입니다. 두레라는 하나님 교회의 가족입니다. 형님, 동생, 진홍이 오빠, 아무개 동생 등 하나님의 가족이지 그 이상도 이하도 아닙니다. 우리들 모두는 예수님의 피로 거듭난 하나님의 백성, 친척입니다. 기분 좋지요? 우리 가족이 이렇게 많아진 것입니다.

"너희는 사도들과 선지자들의 터 위에 세우심을 입은 자라 그리스도 **예수께서 친히 모퉁이 돌이 되셨느니라** 그의 안에서 건물마다 서로 연결하여 주 안에서 성전이 되어가고" (엡 2:20~21)

'우리 가족'이라는 집의 기초는 누구라구요? 모퉁잇 돌이 되시는 분은 예수님이십니다. 예수님이 호주이고 모퉁잇 돌이 되십니다. 벽돌 한 장, 문짝 하나, 교인 한 명 한 명이 다 모여서 두레성전이 됩니다.

아무리 시시해 보이는 사람이라도 교회에서 박대 받고 무시 당하면 안됩니다. 벽돌 한 개는 별것 아니지만 몇 십억 들여 지은 건물이라도 벽돌 하나 빠지면 보기 흉하지요? 아무리 미미하고 시시한 교인도 두레교회에서 인정받아야 합니다. 하나님이 인정해서 우리 교회에 보내신 것이기 때문입니다.

두레교회는 잘난 사람 못난 사람 골고루 섞여 있습니다. 특히 밑바닥에서 고생하고 온 사람들을 제가 유심히 보는데 몇 달 뒤에는 보이지 않는 경우가 있습니다. '왜 빠졌을까? 집에 한번 찾아가 봐야 되겠는데…….' 밑바닥 사람들이 교회에 와서 기를 펴고 마음이 편해야 합니다. '이 교회는 정말 바닥 사람들을 높여주는 교회구나.' 그런 분위기가 되어야 합니다.

전에 교회에서 장로, 권사 하던 것 다 잊고 두레성전 공동체가 인정하고 높여주면 장로 권사의 역할을 맡는 것이고 아니면 '옛날 장로는 흘러간 가요' 정도로 생각해야 합니다. 우리가 새로운 뜻을 가지고 모였는데 과거에 매일 필요가 뭐 있습니까?

두레성전에서는 춥고 배고프고 서러운 사람들이 와서 높임을 받아야 합니다. 그래야 예수님이 기뻐하십니다. 예수님이 기뻐하시면 그걸로 교회는 제 할 일을 다하는 겁니다. 잘난 사람 대접 받으려고 예배당 오는 것이 아닙니다.

"너희도 성령 안에서 하나님의 거하실 처소가 되기 위하여
예수 안에서 함께 지어져 가느니라" (엡 2:22)

두레성전 공동체에는 하나님이 거하십니다. 우리가 예수님을 우리 중에 모시기 위해서 한다리 골짜기에 예배당을 짓고 있습니다. 비싼 집 지을 필요 없습니다. 조립식이라도 비 새지 않고 흙바닥이라도 좋습니다. 좋은 건물 짓는 것은 후손들에게 맡기고, 두레성전은 예수님이 주인 되시고, 우리가 예수님의 일을 감당할 수 있게 햇볕 가리고 비 가리고 모일 수 있는 장소면 족합니다.

한국 교회는 건물에 투자를 많이 해서 멋들어지게 집 지어 놓고 거기서 열나게 싸웁니다. 무슨 멍청한 짓입니까? 우리의 정성과 기도와 땀이 들어가서 하나님이 기뻐하시는 두레성전을 지어야겠습니다. 하나님은 그런 교회가 나타나기를 기다리십니다. 말세에 쓰려고 하나님이 기다리시는 겁니다.

"내 아들아 그러므로 네가 그리스도 예수 안에 있는 은혜 속에서 강하고 또 네가 많은 증인 앞에서 내게 들은 바를 충성된 사람들에게 부탁하라 저희가 **또 다른 사람들을 가르칠 수** 있으리라" (딤후 2:1~2)

두레교회가 지켜야 할 세 번째 원칙은 무엇입니까? 충성된 일꾼을 훈련시키는 것입니다. 그 충성된 일꾼은 또 다른 충성된 일꾼을 길러낼 수 있을 것입니다. 평신도 중심의 교회라는 것은 목회자가 필요 없다거나 목회자는 명목뿐 평신도가 모든 교회의 일

을 주관한다는 말이 아닙니다. 평신도를 훈련시키고 훈련된 평신도들이 헌신해서 다른 평신도들을 계속 대물림해 나가는 교회를 말합니다.

전도가 평신도들 사이에서 이루어지고 평신도들이 중심이 되어 각 부서들이 활발하게 움직이는 교회입니다. 평신도 한 사람, 한 사람이 주인의식을 가지고 충성된 일꾼이 되어 섬기는 교회입니다. "목사님은 가만 계셔요" 그것이 아닙니다. 교역자 밀쳐 내면 그건 말도 안되지요. 교역자다 평신도다 구별하지 말고 맡은 역할을 하면 모두 충성된 예수님의 일꾼이 됩니다. 김진홍 목사의 일꾼도 아니고 장로교회 일꾼도 아니고 누구 일꾼입니까? 바로 예수님의 일꾼입니다. 예수님의 충성된 일꾼이 되어 복음 역사에 헌신하는 것이지 두레에 헌신하는 겁니까?

두레교회는 하나님이 쓰시는 그릇일 뿐입니다. 두레교회에만 너무 매달리다 보면 두레교회는 인간적인 조직이 되어 성령님이 갈아 치웁니다. 예수님을 중심으로 충성된 일꾼들이 모여서 예수님의 또 다른 일꾼을 계속해서 만들어가야 합니다. 그렇게 하려면 신앙적인 면에서 충실한 일꾼으로 훈련이 되어야 합니다.

훈련이 제대로 안되면 믿는다고 해도 진전이 없습니다. 예수 믿어서 기쁨과 확신이 생기지 않습니다. 기쁨과 확신이 없으면 세상을 변화시켜 나아갈 힘이 없습니다. 자기 내면에 기쁨과 확신이 있어야 세상과 부딪힐 때 힘 있는 교인들이 될 수 있습니다.

"네가 그리스도 예수의 좋은 군사로 나와 함께 고난을 받을지니 군사로 다니는 자는 자기 생활에 얽매이는 자가 하나도 없나니 이는 군사로 모집한 자를 기쁘게 하려 함이라" (딤후 2:3~4)

예수님의 군사들은 세상에 나가서 복음 증거하는 일에 고난이 있을 것을 각오합니다. 예수님의 충성된 일꾼으로 예수님을 기쁘시게 하는 사업을 하고 가정을 이루는 삶을 살아야 합니다. 그렇게 하지 않으면 하나님이 낮추십니다. 시험하십니다. 예수님을 기쁘게 하는 삶을 살 때 하나님이 보고 합격 판정을 내려 주십니다. 그때부터 본격적으로 쓰임을 받을 수 있습니다.

두레가족들은 높은 데 오르려고 하지 않으려 합니다. 대접 받고 편하게 살려고 하지 말고 예수님이 그랬던 것처럼 모세가 그랬던 것처럼, 세상의 영광과 편한 것을 포기하고 바닥에서 그리스도의 좋은 군사로서 고난을 스스로 선택하려 합니다. 그래서 예수님 앞에서 칭찬 듣는 일꾼으로 살기를 다짐하고 나아가려 합니다.

주님 은혜를 감사 드립니다. 우리로 하여금 복음의 선한 일꾼으로 훈련 받고 헌신하여 예수님을 기쁘시게 하는 신령한 군사가 되게 하여 주시옵소서. 두레 성전에 예수님이 기초돌이 되시고 한 사람 한 사람이 다 성전의 벽돌 한 장 한 장이 되어서 정말 하나님이 기뻐하시는 교회를 이루어 가게 하옵시며, 이 일에 우리가 헌신하여 하나님 일에 선한 그릇이 되게 하옵소서. 하나님이 우리를 깨우치기 위하여 낮추시고 훈련하셔서 마침내 허락하시는 신령한 축복을 우리는 말씀 속에서 배웠습니다. 주님 저희로 복음의 일꾼이 되기 위하여 낮아지게 하옵소서.

여호수아를 가나안 땅에 들여 보내시면서 네가 발바닥으로 밟

는 땅이 너희들의 몫이라고 하셨사오매 우리가 바닥정신을 가지고 발바닥으로 밟아서 땀과 기도와 헌신으로써 이 땅에 주님의 역사를 이루어 가게 하옵소서. 오늘 이 자리에서 성령께서 우리에게 이르시는 말씀, 네 발에 신은 신을 벗어라, 그 말씀에 응답해서 순종하는 자리에 나가게 하옵소서. 예수님 이름 받들어 기도 드렸사옵나이다.

5. 목민정신

"예수께서 나오사 큰 무리를

보시고 그 목자 없는 양 같음

을 인하여 불쌍히 여기사 이

에 여러 가지로 가르치시더

라"(막 6:34)

목민정신

"예수께서 불러다가 이르시되 이방인의 소위 집권자들이 저희를 임의로 주관하고 그 대인들이 저희에게 권세를 부리는 줄을 너희가 알거니와 너희 중에는 그렇지 아니하니 너희 중에 누구든지 크고자 하는 자는 너희를 섬기는 자가 되고 너희 중에 누구든지 으뜸이 되고자 하는 자는 모든 사람의 종이 되어야 하리라 인자의 온 것은 섬김을 받으려 함이 아니라 도리어 섬기려 하고 자기 목숨을 많은 사람의 대속물로 주려 함이니라" (막 10:42~45)

목민정신을 얘기하는 서두에 일본의 명치유신을 성공시키는 데 결정적인 역할을 했던 한 일본인을 소개할까 합니다. 바로 사카모토 료마(坂本龍馬, 1835~1867)라는 사람입니다. 1868년 사카모토는 선두에 서서 불가능했던 명치유신을 성공시킵니다. 그러나 며칠 후 암살을 당했습니다. 그때 나이가 서른 세살이었습니다.

시바 료타로(司馬遼太郎, 1923~)라는 역사 소설가에 의해 쓰여진 그의 전기가 있습니다. 일본에서 제일 많이 읽혀지는 책 중 하나로 공무원들이나 대기업 신입사원들이 입사할 때 그 책을 필독서로 읽습니다. 『료마가 간다』라는 제목인데 우리말로는 『제국의 아침』으로 번역이 되었습니다. 총 8권으로 되어 있는 역사소설입니다.

사카모토 료마는 하급 사무라이 가정에서 태어났습니다. 우리나라 식으로 말하자면 말단 공무원쯤 된다고 하겠습니다. 어려서부터 무술 사범이 되는 훈련을 받다가 청년기에 운동권으로 투신했습니다. 도쿠가와 이에야스(德川家康, 1542~1616)부터 시작하여 250년이 지난 막부(幕府) 정치는 이제 늙어서 기진맥진해 가고 서구의 제국주의가 아시아 침략에 열을 올릴 때였습니다.

일본의 지각 있는 청년들은 서구 열강의 제국주의에 위기의식을 느꼈습니다. 동남아시아나 중국처럼 서구 제국주의에 짓밟히겠다고 생각하여 일본이 살아남기 위한 개혁의 필요성을 역설했습니다. 새로운 일본을 건설해야 한다며 수많은 이십대의 운동권 청년들이 칼 한 자루 들고 나가서 맞아 죽고, 찔려 죽었습니다.

사카모토 료마는 막부를 지지하는 보수세력인 체제유지 세력과 대립관계에 있는 개혁세력, 곧 반체제 세력에 속하는 인물입니다. 체제유지 세력과 반체제 세력 사이의 갈등이 격화되어 전쟁이 아니고는 해결할 수 없는 상황에 이르렀습니다.

양쪽 세력이 충돌하여 이기는 쪽이 일본을 이끌어가게 되었습니다. 영국, 프랑스, 독일 등 서구 제국주의가 교묘한 작전을 폈습니다. 양쪽에 무기를 공급해 주면서 싸움을 붙여 지는 쪽은 망하고 이기는 쪽도 기진맥진하게 만들자는 것이었습니다. 그리고 나서 그때 침략을 하는 겁니다.

영국 역시 이런 식으로 인도를 차지했습니다. 인도의 두 세력이 맹렬히 싸울 때 영국은 양쪽에 무기를 대주고 양쪽이 다 기진맥진할 때를 기다려 순식간에 인도를 식민지로 만들었습니다. 인도는 마하트마 간디(Mahatma Gandhi, 1869~1948)의 시기에 이르러서 겨우 독립할 수 있었습니다.

인도의 역사를 교훈삼아 일본 청년들 사이에 새로운 일본을 건설하지 않으면 서구 제국주의에 멸망될 것이라는 경각심이 생겼습니다. 이전의 체제를 유지하려는 보수세력과 새로운 체제를 만들려는 개혁세력 사이에 전쟁이 일어나서 일본이 쑥밭으로 변하기 직전이었습니다.

이때 사카모토 료마가 단신으로 보수세력의 최고 지도자를 찾아갔습니다. 체포되면 사형 당할 수 있는 위급한 상황이었습니다. 찾아가서 대화했습니다. "보수니 개혁이니 서로 싸우다가 기진맥진하면 서구 제국주의의 밥이 될 것 아니냐? 서로 한 발 양보하고 힘을 합쳐서 미래의 일본을 건설해야 한다"고 역설했습니다.

지금까지 내려오던 보수세력으로는 일본을 유지할 수 없으므로 평화적으로 정권을 이양하라고 했습니다. 우리 개혁세력이 정권을 맡게 되면 보수세력에게 보복하지 않고 명예를 존중해 주고 새로운 일본 건설의 동지로 삼겠다고 설득했습니다. 이 설득으로 1868년 무혈혁명이 성공할 수 있었습니다.

전쟁 일보 직전까지 갔던 일본사람들이 갑자기 단합하게 된 겁니다. 사카모토 료마가 동지들을 모아서 정권을 인수 받으면서 내각을 짰습니다. 정파 간의 이해가 달라서 서로 자기 당파에게 자리를 많이 달라고 하니 도저히 내각을 짤 수가 없었습니다.

그때 사카모토 료마가 일어나서 "여러 동지들, 이래서는 끝이 안 나니 제가 한 번 짜볼 테니까 여러분들은 마작이나 하고 기다리세요"라고 말하고는 종이를 들고 이층 다락에 올라갔습니다. 다락에 올라가서 두 시간 동안 조직을 구상했습니다. 나머지 동지들은 밑에서 놀고 잡담하고 있는 겁니다.

두 시간 뒤에 각부 장관들의 명단을 짜서 내려왔는데, 공평하게 적재적소에 인물을 고루고루 배치했습니다. 그런데 정작 본인의 이름은 어디에도 없었습니다. 수상에는 다른 사람을 앉히고 사카모토 료마의 이름은 없었습니다. 궁금해진 사람들이 왜 그의 이름이 없는지 물었습니다. "자네는 왜 없냐" 그러니까 동지들에게 "동지들을 믿고 다 맡기겠습니다. 대신 저는 다른 일을 하겠습니다. 보수측과 우리 개혁측에서 전쟁 준비로 사놓은 군함을 저에게 불하해 주면, 그 군함으로 상선을 만들어 세계 오대양 육대주에 무역을 일으켜서 나라를 부강케 하겠습니다"라고 말했습니다.

신일본을 건설하려면 경제가 일어나야 하는데 섬나라에서 일본의 힘만으로 부강한 나라를 만들기는 어려운 일이므로 세계 무역을 일으켜서 부강한 일본을 만드는 데 일조를 담당하겠다고 했습니다. 동지들에게 요직을 다 맡기고 자기는 욕심을 비우고 장사하는 사람으로 나가겠다고 하니 거기에 모인 사람들이 모두 감동을 받았습니다. 이것을 살신성인(殺身成仁)의 정신이라고 합니다. 자기를 비우고 동지들을 높여주어 일을 성공시킨 겁니다. 료마의 헌신으로 무사히 제 1대 명치유신 내각이 출발을 했는데 불행하게도 그는 닷새 후에 암살을 당했습니다.

사카모토 료마의 전기에 특별히 관심을 가지는 것은 성도들이 누릴 복에 대해 비유되기 때문입니다.

평화를 만드는 사람

"화평케 하는 자는 복이 있나니 저희가 하나님의 아들이라
일컬음을 받을 것임이요" (마 5:9)

예수님은 참으로 '복이 있는 자'에 대해 마태복음 5장에서 말씀하고 있습니다. 우리들의 신앙은 예수님이 가르치신 말씀을 중심으로 참다운 신앙이 되어야 합니다.

세상적인 이데올로기나 세상적인 사상이 아니라, 예수님의 가르침으로 분명하게 설 수 있는 성경적인 신앙을 가져야 합니다. '화평케 하는 자', 영어성경에는 피스 메이커(peace maker)로 표현되어 있습니다. '평화를 만들어 내는 사람은 복이 있다, 그가 하나님의 아들이라고 세상 사람들에게 인정 받을 것이다' 라는 뜻입니다. 평화를 만들어 내는 사람과 평화를 누리는 사람은 질적으로 다릅니다. '평화를 누리는 사람은 복이 있나니' 가 아니고 '평화를 만들어 내는 사람은 복이 있다' 고 예수님은 분명히 말씀합니다.

물건을 사서 쓰는 사람이 있고, 물건을 만들어 내는 사람이 있잖습니까? 만드는 사람을 제조자라고 하고 사서 쓰는 사람을 소비자라고 하는데 평화의 소비자가 아니라 평화를 만들어 내는 제조자가 참으로 복이 있다고 했습니다.

세상 사람들이 평화를 누리게 하기 위해서, 다른 사람이 복 받게 하기 위해서 자기는 고생하고 잠 못 자고 희생하는 사람입니다. 평화로운 세상을 만들어 내기 위하여 스스로 평화를 포기하는

사람, 다른 사람의 행복을 위해 잠 못 자는 밤과 가난과 고난을 스스로 선택하는 사람이 예수님의 제자이고 그 사람이 영원한 복을 누리는 사람이라는 겁니다. 세상 사람들이 그런 사람을 일컬어 하나님의 아들, 딸, 천국시민으로 인정할 것입니다.

저는 사카모토 료마의 전기를 읽으면서 이 말씀을 묵상했습니다. 그는 자신이 다 이루어 놓은 정권이었지만 정작 자신은 말단 서기자리 하나 차지하지 않고 동지들에게 다 맡겼습니다. 일반 시민으로 돌아가서 상선을 만들어 세계 무역을 일으키겠다고 했습니다. 지사의 면모를 지닌 사람입니다. 사카모토 료마가 크리스천은 아니었지만 그의 삶의 자세는 예수님의 가르침을 일깨워 줍니다.

다른 사람의 행복을 위해서 예수님의 복음을 전하고 복음의 사회를 건설하고 평화로운 국가와 세계를 이루기 위해 우리 역시 잠 못 자는 밤과 고난의 삶을 선택할 수 있기를 바랍니다. 이것이 바로 예수님의 제자의 삶입니다. 그런 생각의 흐름에서 하나의 목민정신이 출발합니다.

성경의 말씀 위에 신앙이 확실히 서야 합니다. 성경에 바탕을 둔 삶의 자세, 복음으로 사는 삶을 다시 한번 생각해 보겠습니다. 사카모토 료마보다 약 30년 정도 늦게 태어난 인물 중 일본이 세계적으로 자랑하는 기독교인이 있습니다. 바로 우찌무라 간조(內村鑑三, 1861~1930)라는 분입니다.

우찌무라 간조는 1861년 하급 사무라이 가정에서 태어났습니다. 열일곱 살에 미국 선교사 윌리엄 클락(William S. Clack)이 세운 삿포로(札幌)농학교에 입학했습니다. 그때까지 그는 예수님의 복음을 들어본 적이 없었습니다. 그런데 기독교 계열인 삿포로농학교에서 우찌무라 간조는 3학년 때 예수님을 영접했습니다. 그후 '나는 평생을 예수님의 제자로 산다'는 다짐을 하고 미국 유학길에 올랐습니다.

미국에서 신학을 공부할 때 그는 정박아 학교에서 보조교사로 일을 했습니다. 그런데 정박아들이 지능이 낮아서 말이 잘 통하지 않았습니다. 그 중 한 명은 다른 애들을 괴롭히고 못된 짓을 했습니다. 참다 못한 그가 그 말썽쟁이를 불렀습니다. "네가 잘못했으니 매를 맞아야겠다. 그런데 스승인 내가 너를 매질할 마음이 없으니 네 대신 내가 맞아야겠다"하고는 회초리로 자기 종아리를 걷어 매질을 시작했습니다. 다리에서 피가 줄줄 흐르는데도 매질을 멈추지 않자 그 아이가 엎드려 "선생님, 제가 잘못했습니다" 하고 빌었다고 합니다.

크리스천은 다른 사람을 바로잡으려면 먼저 자신을 바로잡아야 합니다. 이것이 바로 크리스천 윤리의 기본입니다. 우리는 가정이나 교회에서 그리고 사회생활을 하면서 다른 사람 탓하기를 잘합니다. 저는 우찌무라 간조가 젊은 날 보여주었던 그와 같은 정신이 참으로 귀하다고 봅니다.

인도의 마하트마 간디(Mahatma Gandhi, 1869~1948)를 온 세계 사람들이 존경하는 것은 그가 큰 군대를 일으키고 특별히 위대한 일을 이루어서가 아닙니다. 그의 정신세계를 존경하는 것입니다.

하루는 한 아주머니가 간디에게 15세 아들을 데리고 와서 자기 아들을 도와달라고 부탁을 했습니다.

"우리 아들이 설탕을 너무 좋아해서 건강을 버리고 이가 다 망

가지고 있어요. 아무리 끊으라고 해도 듣지를 않습니다. 간디 선생님 말씀이라면 분명히 들을 테니 아들에게 설탕 끊으라고 말 좀 해 주세요”라고 말하더랍니다.

간디가 가만히 생각을 하더니 “예, 그러면 도와 드리지요. 보름 후에 오시면 그때 도와 드리겠습니다”하고 두 모자를 돌려보냈습니다. 영문을 모르고 갔다가 보름 뒤에 다시 왔습니다. 간디는 그 아들에게 설탕은 건강에 나쁘니 끊으라고 말했습니다. 그 소년이 “제가 설탕을 좋아하지만 존경하는 선생님께서 말씀하시니 끊겠습니다”라고 약속을 했습니다.

그런데 그 어머니가 나오다가 생각을 해 보니 이상하더란 말입니다. 보름 전에 그 말을 해도 되었을 것인데 왜 이제서야 할까? 다시 돌아와서 “선생님, 참으로 감사합니다. 그런데 왜 보름 후에 오라고 하셨습니까?”하고 물었습니다.

그러자 간디는 이렇게 말했습니다. “사실은 제가 설탕을 좋아해서 설탕을 많이 먹는데, 나는 설탕을 많이 먹으면서 다른 사람에게는 끊으라고 하면 스스로 위선자가 되기 때문입니다. 지난번에 오셨을 때는 아드님에게 말할 수 있는 자격이 저에게는 없었습니다. 그 후 제가 설탕을 먼저 끊고나서 그렇게 말할 수 있었던 것입니다”라고 대답했다고 합니다.

인류가 받드는 위대한 지도자들은 뭔가 남다른 점이 있습니다. 열변을 토해서 사람을 변화시키고, 자기를 평생 추종하게 만드는 것이 아닙니다. 신앙과 인격을 걸고 예수님의 가르침을 소박하게 따른다는 것이 얼마나 중요합니까? 우선 할 수 있는 것, 작은 것 하나부터 실천해 나가야 합니다. 그렇게 되려면 목사부터 실천해야 합니다. 목사는 안하고 ‘여러분 합시다’ 하는 것은 간디의 관점에서 보면 위선자가 되는 셈입니다.

우찌무라 간조가 미국 유학을 마치고 올 때 그가 쓴 글을 읽어보면 두 가지 분명한 점이 있습니다.

첫째는 기독교 국가라는 미국에서 공부를 해보니 미국이 기독교 사회라는 것과 그 국민들이 예수님의 뜻을 따라 사는 것과는 별개임을 깨달았다고 했습니다.

지금 우리식으로 말하면 두레교회 교인이라는 것과 예수님의 제자로 사는 삶이 다를 수 있다는 말입니다. 두레교회에 다닌다 하더라도 예수님의 제자로서 바른 삶을 사는 데까지는 미치지 못할 수도 있다는 말입니다. 어떻게 해야 더 많은 두레 교인들이 예수님의 가르침을 실질적으로 따라 사느냐 하는 문제입니다. 그렇게 하기 위해서 더 많이 고민하고 땀 흘려야 합니다.

둘째는 하나님을 사랑하는 것과 자기 조국, 자기가 속한 민족을 사랑하는 것은 같은 신앙이라는 것입니다. 우찌무라 간조는 하나님 사랑과 민족 사랑이 함께 나아가는 것이라고 보았습니다. 그래서 일본에서는 우찌무라 간조 선생을 일본 민족주의와 기독교 신앙을 하나로 결합시킨 인물로 평가합니다. 민족주의적인 기독교인이라고 합니다.

1868년에 명치유신이 성공한 후, 백 년이 지난 1968년에 명치유신 백주년을 기념해서 명치유신 이래로 오늘날의 근대국가를 만들기까지 일본을 일으킨 20명의 선각자를 뽑았습니다. 안중근 의사 손에 죽은 이토 히로부미(伊藤博文, 1841~1909), 명치유신의 사이고 다카모리(西鄕隆盛, 1827~1877), 초대 수상 요시다 시게루(吉田茂, 1878~1967) 등 여러 사람 중에 우찌무라 간조 선생이 포함되어 있었습니다.

일본에서 기독교인은 0.3%밖에 되지 않습니다. 0.3 %라면 인구 1천명에 교인이 겨우 3명 꼴입니다. 기독교 세력이 미약한 나라인데도 성경학자 우찌무라 간조가 일본 건국 20명 중 한 명에 들어간다는 것은 그의 탁월한 영향력을 증명해 주는 것이라 하겠습니다.

일본이 한국을 식민지로 만들고 만주를 삼키고 중국과 전쟁을 할 때 거의 모든 일본인들이 손뼉 치고 좋아라 했습니다. 이때 유독 우찌무라 간조 선생만이 평화를 주장했습니다. 일본이 세계평화에 기여하지 않고 서구 제국주의를 닮아 조선을 식민지로 만들고 중국과 전쟁을 하면 하나님, 가미사마께서 기뻐하지 않을 것이라고 말했습니다. 일본이 이 죄를 회개하지 않으면 가미사마께서 일본에 불벼락을 떨어뜨릴 것이라고 했습니다.

이 말을 빌미로 삼아 직장에서는 그를 쫓아냈습니다. 우찌무라 간조는 어느 곳에도 취직할 수 없게 되었습니다. 몇 년 후 일본 히로시마와 나가사키에 원자탄이 떨어졌을 때 일본인들은 '원자탄은 하나님이 떨어뜨린 불벼락이구나' 하고 깨달았습니다.

우찌무라 간조는 직장에서 쫓겨난 후 동경에서 6평 짜리 다다미방에 동경제국대학, 와세다대학, 메이지대학의 젊은이들을 모아 놓고 성경을 가르쳤습니다. 간조 선생의 성경공부방에 모였던 사람들이 전쟁이 끝난 후 오늘의 일본을 건설하는 기초를 닦았습니다.

그 중 오히라 마사요시(大平正芳, 1910~1980) 수상, 세 사람의 동경대학 총장 그리고 지금 몇 명의 사회당 창립 구성원들이 모두 간조 선생의 성경 공부방 출신입니다. 맥아더정부 시대에 일본 사회복지 정책의 기초를 닦은 사람들 또한 우찌무라 간조 선생의 성경 공부방 출신들입니다. 젊은이들을 모아 놓고 말씀으로 뜨겁게 하고 혼을 깨우치면 역사의 기초를 닦을 수 있다는 가능성을 간조 선생이 보여준것입니다.

우찌무라 간조 선생은 '평민시대'를 건설해야 한다고 주장했습니다. 간조 선생이 말하는 평민이란 하나님과 자기 외에는 아무 것도 의지하지 않고 하나님이 주신 사명에 살고 사명에 죽는 사람, 하나님과 자기 힘만으로 살아가는 사람을 말합니다. 그 사람들이 사회를 정화하고 새로운 시대를 만드는 역사의 주인이 되어야 한다는 것입니다. 그리고 평민들이 만들어 가는 세상으로 세계 평화의 기초를 닦는 일본이 되어야 한다고 주장했습니다.

성서조선연구회

우찌무라 간조 선생의 성경 공부방에서 일본에 유학 가있던 몇몇 조선 학생들이 지도를 받았습니다. 그 사람들 중에 김교신(金敎臣, 1901~1945), 함석헌(咸錫憲, 1901~1989) 선생 등이 있었습니다. 1925년에 김교신, 함석헌 선생 등을 위시한 6명의 동지들이 성경 공부를 마치고 나서 조그마한 집에 모여 〈성서조선연구회〉라는 모임을 만들었습니다.

〈성서조선연구회〉는 예수님의 말씀으로 조선 민족의 영혼을 깨우쳐서 새로운 조선을 건설하자는 목표를 세웠습니다. 이것이 〈성서조선연구회〉의 창립 정신입니다. 이 모임에서 1927년 7월호를 창간호로 하여 『성서조선』(聖書朝鮮, 1927~1945년 무교회주의 신앙동

인지)이라는 잡지를 만들었습니다. 그러나 이 잡지는 조선독립을 고취하는 글을 썼다고 하여 일본에 의해 폐간을 당했습니다. 제가 『성서조선』창간사 한 구절을 읽겠습니다.

"우리는 다수의 경험과 확신으로써 오늘의 조선에 줄 바 가장 귀한 선물은 신구약성서 한 권 뿐이로다. 그러므로 걱정을 같이 하고 소망을 한 곳에 붙이는 어리석은 자 오륙 인이 동경 시외 스기나미 촌에서 처음으로 회합하여 〈성서조선 연구회〉를 시작하고 매주 때를 기하여 조선을 걱정하고 성서를 공부하여 지내 온 지 반 년 남짓하여 동의하고 그 동안 소원이던 연구회 일단을 세상에 공개하려 하니 그 이름을 「성서조선」이라 한다. 명명의 우열과 적당한 때의 맞고 안 맞음은 불문한다 다만 우리의 마음 전부를 차지하는 것은 조선이라는 두 글자이고 애인에게 보낼 최고의 선물은 성서 한 권 뿐이니 양자의 어느 하나도 버리지 못하여 된 것이 그 이름 「성서조선」이다."

> "…… 吾人은 多少의 經驗과 確信으로써 今日의 朝鮮에 줄 바 最珍最切의 선물은 神奇치도 아닌 新舊約聖書 一卷이 잇는 줄 알 샌이로다. 그럼으로 憂를 共히 하고 所望을 一軌에 부치는 愚者 五六人이 東京 市外 杉村에 처음으로 會合하야 朝鮮聖書硏究會를 始하고 每週時를 期하야 朝鮮을 慮하고 聖書를 講하면서 來한지 半 歲餘에 或이 動意하야 於間의 所願 硏究의 一端을 世에 公開하려하니 其名을 「聖書朝鮮」이라하게 되도다. 命名의 優劣과 時機의 適否는 吾人의 不問하는바라 다만 우리 念頭의 全幅을 차지하는 것은 朝鮮 二字이고 愛人의게 보낼 最珍의 선물은 聖書 一卷 샌이니 兩者의 一을 捨치 못하야 된 것이 其名이엿다……(중략)……"

『성서조선』 창간호에 김교신 선생이 쓴 창간사 중의 일부 내용입니다. 조선도 버릴 수 없고 성서도 버릴 수 없으므로 잡지 제목을 『성서조선』으로 지었다는 말입니다.

"「성서조선」아 너는 우선 이스라엘 집으로 가라. 소위 기성신자
의 손을 거치지 말라. 기독보다 외인을 성서보다 회당을 중시하는
자의 집에는 그 발에 먼지를 털지어다……(중략)

「성서조선」아 네가 만일 그처럼 인내력을 가졌거든 너의 창간
일자 이후에 출생하는 조선사람을 기다려 면담하라 담론하라 동
지를 한 세기 후에 구한들 무엇을 한탄할건가"

> "聖書朝鮮"아 너는 爲先 이스라엘 집집으로 가라. 所謂 旣
> 成信者의 手에 거치지 말나 基督보다 外人을 禮拜하고 聖書
> 보다 會堂을 重視하는 者의 집에는 그 발의 문지를 털지어
> 다……(중략)…… 「聖書朝鮮」아 네가 萬一 그처럼 忍耐力을
> 가젓거든 汝의 創刊日字 以後에 出生하는 朝鮮人을 待하야
> 面談하라 相論하라 同志를 一世紀 後에 期한들 何를 嘆할손
> 가"(聖書朝鮮 1927年 7月號 創刊辭)

소위 '기성 신자의 손을 거치지 말라' 는 그리스도보다 외국인
을 예배하고 선교사를 추종하는 신앙인을 말하는 겁니다. 그들은
예수님을 믿는 게 아니라 선교사를 따라다닐 뿐입니다. '성서보다
회당을 중시하는 자' 는 단지 예배당 건물을 섬기고 교파를 섬길
뿐이지 성경의 진리를 따르는 것이 아닙니다.

기성 신자나 성서보다 회당을 중시하는 사람들과는 상종하지
말라고 합니다. 그리고 지금 알아주는 사람 없고 동지가 없더라도
백년 후에 동지가 있을 것을 생각하고 농촌의 촌부, 밑바닥 서민

한 사람 한 사람을 찾아가서 예수님이 조선의 희망인 것을 전하라고 당부하고 있습니다.

우찌무라 간조의 평민사상에 해당하는 것이 함석헌 선생의 '씨올사상'입니다. 함석헌 선생은 『씨올의 소리』라는 잡지를 발간하고 천안에 씨올농장을 만들기도 했습니다.

그런데 저는 함석헌 선생이 한 가지 잘못한 일이 있다고 봅니다. 잡지 『씨올의 소리』가 운영이 어려워지자 씨올농장을 팔아서 잡지 발간하는데 썼다고 합니다. 그러다가 5 · 16 군사정권 때 『씨올의 소리』가 폐간되고 나니 잡지도 없어지고 농장도 없어지고 아무것도 남는 것이 없었습니다. 농장을 살려 놓았으면 뜻이 있는 사람들이 모여 때가 되면 잡지는 또 만들 수 있었을 텐데 하는 안타까움이 있습니다. 그 후에 한국기독교장로회에서는 함석헌 선생의 씨올사상을 이어받아 그 전통 속에서 '민중신학'을 발전시켰습니다.

안병무(安炳茂) 교수가 서울대학교 사회학과를 나와 마흔이 넘은 나이에 독일로 신학공부를 하러 갔습니다. 독일에 유학갔다 와서 민중신학을 세우면서 민중신학의 성경적인 기초를 마가복음 6장 34절에서 찾았습니다.

오크로스와 데모스

> "예수께서 나오사 **큰 무리를 보시고** 그 목자 없는 양 같음을 인하여 불쌍히 여기사 이에 여러 가지로 **가르치시더라**"(막 6:34)

예수님이 예수님을 따르는 무리를 보시고 불쌍히 여기셨습니다. 보리떡 다섯 개와 물고기 두 마리로 5천 명을 먹이는 기적이 뒤따랐습니다.

본문에서 무리라는 말은 '오크로스'(*οχλος*)입니다. 오크로스를 '민중'이라는 말로 번역하고 민중을 바탕으로 하는 신학을 '민중신학'이라고 이름 붙였습니다. 1970~80년대의 저항운동 속에서 민중신학의 성경적 기초를 오크로스, '민중'이라는 말에서 찾았습니다.

마가복음에서는 백성을 가리킬 때 두 가지 대조적인 단어를 쓰고 있습니다. '오크로스'와 '데모스'(demos)라는 말입니다. '데모스'란 자신의 권리를 주장할 수 있고 기댈 언덕이 있는 힘 있는 백성을 말합니다. 그에 반해 '오크로스'는 기댈 곳이 없는 힘 없는 민초입니다. 밟으면 밟히고, 때리면 맞고, 뺏으면 뺏길 뿐입니다. 데모스는 자기 주장할 권리가 있는 사람입니다. 그래서 데모스에서 민주주의(democracy)가 나왔습니다.

예수님이 활동하던 당시 따르던 무리들은 오크로스와 데모스 중 어떤 무리 이겠습니까? 데모스들은 예루살렘 성전의 대제사장들에게 갔습니다. 유월절 절기를 맞아 데모스들은 예루살렘에 양 잡고 소 잡고 제사 지내려고 갔습니다.

'오크로스', 기댈 데 없는 춥고 배고픈 백성들은 예수님을 따라왔습니다. 예수님은 기댈 데 없는 오크로스, 목자 없는 양 같은 백성들을 안타까워 하셨습니다.

> "대답하여 가라사대 너희가 먹을 것을 주라 하시니 여짜오되
> 우리가 가서 이백 데나리온의 떡을 사다 먹이리이까 이르시
> 되 너희에게 떡 몇 개나 있느냐 가서 보라 하시니 알아보고

가로되 떡 다섯 개와 물고기 두 마리가 있더이다 하거늘... **예수께서 떡 다섯
개와 물고기 두 마리를 가지사 하늘을 우러러 축사하시고** 떡을 떼어 제자들
에게 주어 사람들 앞에 놓게 하시고 또 물고기 두 마리도 모든 사람에게 나누
어 주시매 다 배불리 먹고" (막 6:37~38, 41~42)

오병이어의 그 위대한 기적은 어디에서 나옵니까?

무리를 불쌍히 보시는 예수님의 가슴에서 나옵니다. 무리를 불쌍히 보시고 너
희가 먹을 것을 주라는 말씀에서 보리떡 다섯 개와 물고기 두 마리로 백성을 먹
이는 역사가 나옵니다. 지금 우리에게도 백성들을 불쌍히 보는 마음이 필요합니
다. 예수님의 은혜 속에서 밀가루 다섯 포대, 동태 두 망태기로 이 나라 백성을
먹인다는 마음을 가져야 합니다.

제가 영국 에딘버러 대학(Edinburgh University)에서 민중신학에 대해 교수들
과 대학원생들을 모아 놓고 강의를 한 적이 있습니다.

"한국의 민중신학과 김 목사가 생각하는 신학은 어떤 차이점이 있습니까?"

라는 질문이 나왔습니다.

"민중신학은 춥고 배고프고 기댈 데 없는 무리, 오크로스에 초점을 둡니다. 그
런데 저는 그것만으로는 부족하다고 봅니다. 그 무리 곧 오크로스에 중심을 두면
신학적 측면이 소홀해지기 때문입니다. '큰 무리를 보시고 그 목자 없는 양 같음
을 인하여 불쌍히 보시사', 헐벗고 굶주린 오크로스를 불쌍히 보시는 예수님의
가슴이 바로 신학의 주제가 되고 목회의 주제가 되어야 한다는 것이 제 생각입
니다."

이와 같이 말했더니, 제 말에 동감을 했습니다.

기독교가 예수님의 가슴으로 백성들에게 다가가야 합니다. 예수님의 심장을 가지고 백성 한 사람 한 사람, 한 가정 한 가정에 "예수님이 당신의 소망입니다. 예수님이 당신을 위해 죽으셨습니다. 예수님만이 당신을 살리는 유일한 길입니다"라고 전해야 합니다.

예수님의 가슴을 가지고 백성들을 품어줄 때 거기에 복음의 역사가 일어나는 것 아니겠습니까? 우리가 아무리 무리를 구제하고 봉사하고 좋은 정치를 하더라도 예수님의 심장 없이는 인간의 근본 문제가 해결될 수 없습니다.

예수님의 심장에서부터 우리의 목회, 우리의 신앙이 시작되어야 합니다. 우리가 은혜 받고 감격해서 손뼉치고 우리끼리 끝내면 안됩니다. 그 뜨거운 은혜를 밖에 있는 오크로스들에게 우리 삶을 던져서 투자하고 그들을 섬기고 받들 때 복음의 역사가 일어나는 것 아니겠습니까?

"예수께서 나오사 **큰 무리를 보시고** 그 목자 없는 양 같음을 인하여 불쌍히 여기사 이에 여러 가지로 **가르치시더라**" (막 6:34)

목민목회의 네 기둥

그래서 저는 민중신학과 구별하기 위해 '목민신학'이라고 이름을 붙였습니다. 예수님의 복음으로, 예수님의 가슴으로 백성을 돌보고 먹이고 섬기는 신앙입니다. 목민신학을 목회에서 실천해 나갈 때, 그것을 '목민목회'라고 부릅니다.

목민목회에는 네 가지 기둥이 있습니다. 예수님께서 이 땅에 계실 때에 세 가지 목회를 하셨습니다. 예수님께서 하신 목회 세 가지에 한 가지를 더해서 두레교회 목민목회의 네 가지 내용을 이룹니다. 이것이 바로 목민목회의 중심입니다. 두레교회는 예수님이 머리 되시는 예수님의 교회이므로 예수님이 하신 것을 이어받아야 되지 않겠습니까?

> "예수께서 모든 성과 촌에 두루 다니사 저희 회당에서 **가르치시며** 천국 복음을 전파하시며 모든 병과 모든 약한 것을 고치시니라" (마 9:35)

첫째 '가르치시며' 교육목회(teaching ministry)입니다. 두레교회는 본질적으로 교육입니다. 그래서 앞으로도 자주 교육을 강조하려 합니다. '아이고, 갈수록 태산이구먼' 하고 생각할지 모르겠지만 교육을 피하려 하면 안됩니다. 교육을 받아야 합니다. 예수님의 가르침입니다.

제가 존경하는 분 중에 강원도 예수원에 계시는 대천덕 신부님이 계십니다. 그분 말씀이 교회를 가르칠 '교'(敎)자 대신 성령 안

에서 성도가 교제하는 사귈 '교'(交)자를 쓰는 것이 좋겠다고 했습니다. 성도의 교통이란 말씀이 일리는 있지만, 저는 그래도 가르칠 '교'(敎)자가 좋습니다. 예수님의 말씀을 가르치고 배우고 훈련 받는 데서 교회의 기초가 이루어진다고 보기 때문입니다. 교회는 가르치고 배우고 훈련하는 것이 항상 물 흐르듯이 흘러서 살아 있어야 합니다.

그런데 지금 두레교회는 교육 시설이 너무 부족하지 않습니까? 아이들이 이 방 저 방으로 뛰어다니고 어수선합니다. 그러나 하나님이 이러한 절차를 거쳐서 우리에게 앞으로 좋은 교육장을 주실 줄 믿습니다.

교회 지을 때 교육 시설이 많아야 합니다. 한다리 골짜기에 교육관부터 먼저 지으려 합니다. 교회 오는 아이들만 교육하는 것이 아닙니다. '구리시와 남양주 시의 네 집 내 집 아이들 다 모아서 교육하겠다.' 이런 마음을 가져야 합니다. 우리 교회 나오는 사람들만 교인이라고 생각하면 안 됩니다. 아직은 안 나오는 교인을 앞으로 나올 교인으로 생각하고 교회 울타리를 사회로 넓혀야 합니다.

지금 중고등 학생들이 수학여행을 어디로 갑니까? 경주 불국사나 합천 해인사로 갑니다. 중고등 학생들이 경주 불국사나 합천 해인사 대신 구리의 두레 골짜기로 올 날을 기도하고 있습니다. 그곳으로 올 수 있도록 만들어 놓아야 합니다.

두레교회 간판만 붙어 있으면 그곳을 보러 오겠습니까? 참다운 기독교 문화가 나오고 창조적 상상력이 나오는 곳으로 만들어야 합니다. 자라나는 청소년들이 찾아와서 배울 것이 있어야 합니다. 그렇게 못하면 문 내려버리고 여관방 하든지, 식당 하든지 해야 합니다.

두레교회에 발 들여놓는 그날부터 헌금 낸 주주로서 교회가 어떻게 해야 제대로 될까를 고민해야 합니다. 자기 지분만큼 두레교회의 주인이 되어 교회의 현재와 장래에 대해서 책임의식을 가져야 합니다.

우리가 다 함께 주인으로 참여해야 합니다. 참여 민주주의를 통하여 진정한 공동체를 이루어야 합니다. 그렇게 할 수 있는 교인이 되도록 교육 받고 훈련하고 연습해야 합니다.

둘째는 복음전도목회(preaching ministry)입니다. '천국복음을 전파하는' 복음 전도입니다. 예수님의 복음을 통해서 구원의 역사가 계속 일어나야 합니다. 복음을 믿음으로 생명이 거듭나는 중생의 역사가 있어야 합니다. 그것이 없으면 교회가 아닙니다.

여러분, 교회에 윤리를 배우러 옵니까? 교회에 정신수양 하러 옵니까? 예수를 믿음으로 거듭나는 생명의 역사가 있어야 합니다. 내가 왜 예배당에 오는지, 와서 무엇을 배울 것인지 중심이 확실해야 합니다.

> "도적이 오는 것은 도적질하고 죽이고 멸망시키려는 것뿐이
> 요 **내가 온 것은 양으로 생명을 얻게 하고** 더 풍성히 얻게 하
> 려는 것이라" (요 10:10)

예수님은 양인 우리 백성들이 생명을 얻어 풍성히 누리게 하려고 오셨습니다. 교회는 성도들로 하여금 생명을 얻어서 풍성한 삶을 누리도록 만들어야 합니다. 생명 누리기, 이것이 바로 신앙생활입니다. 거듭나는 역사, 거기서 누리는 행복한 삶이 있도록 우리 교회가 노력해야 하지 않겠습니까?

셋째는 병든 것, 약한 것을 고치는 치유목회(healing ministry) 입

니다. 예수님 당시부터 지금까지 교회가 들어가는 곳에는 세 가지 역사가 한꺼번에 일어났습니다. 첫째 가르치는 교육, 둘째 복음 전파하는 교회, 셋째 치유하는 병원입니다. 예수님 때부터 가르치고, 복음 전파하고, 약한 것 병든 것을 치유하는, 이것이 목민목회의 세 가지 기둥입니다. 예수님의 목회의 기본이었던 목민목회의 세 가지 기둥을 우리가 항상 염두에 두어야 합니다.

여러분, 김영준 원장님 얘기 들었지요? 김일성 주석이 죽기 2년 전 성인병 전문가로 침을 잘 놓는다는 소문을 듣고 김일성 주치의를 해달라는 초청이 왔더랍니다. 그래서 제가 "김 장로님, 거기 가시지 말고, 저도 김씨니까 두레마을에 가시자"고 해서 모셔왔습니다만 힘이 부족해 치유원을 세워 드리지 못했습니다. 그래서 대단히 미안하게 생각합니다.

치유원은 혼자 맡아서 되는 일이 아닙니다. 여러 교우님들과 자매님들이 상담 공부하고 심리학 공부하고 성경적 치유 공부를 해야 합니다. 그리고 그 이전에 성령의 은혜로 치유의 은사를 받아야 합니다. 영적인 역사가 아닌 세상적인 상담으로 심령이 변화가 되겠습니까?

심령의 변화가 일어나려면 자신이 먼저 은혜를 받아야 합니다. 스스로 뜨겁지 않은 사람이 어떻게 다른 사람을 뜨겁게 합니까? 차갑게 식은 사람이 '예배당 갑시다' 하면 누가 따라 나서겠습니까? '이 복음으로 살아가리라.' 이런 뜨거운 심령의 변화를 경험하고 나서 내 주위의 약한 사람, 병든 사람을 치유해야 합니다.

그렇게 치유하는 데는 두레마을 공동체가 제일 좋습니다. 신경쇠약, 우울증 걸린 사람을 여러분 집에 데려다 같이 살 수 있겠습니까?

헌금으로 공동체를 만들어서 어떤 사람은 수시로 가서 돕고, 형편이 되는 사람은 상주하면서 공동체를 운영할 수 있습니다. 청소년을 교육시키고, 복음을 나누고 약한 것, 병든 것을 치유하면 얼마나 멋진 일이겠습니까? 우리도 사람 구실 하려면 저런 교회에 속해야 되겠구나' 하는 마음이 들 수 있도록 5년, 10년, 우리가 쌓아 나가야 합니다. 이것이 바로 '목민목회' 입니다.

> "무리를 보시고 민망히 여기시니 이는 저희가 목자 없는 양
> 과 같이 고생하며 유리함이라" (마 9:36)

백성들이 헤매는 모습을 보고 예수님이 정말 가슴 아파하십니다. '목민목회'는 우리 교회 나오는 사람만 대상으로 하는 게 아니라 헤매는 무리, 지도자 없어 고통 당하는 무리, 백성 전체를 끌어안는 목회로 '국민목회' 라고 합니다. 북한에 있는 사람, 남한에 있는 사람, 우리 국민 전체를 끌어안은 목회입니다.

목민목회의 네 번째 기둥은 일꾼을 기르는 목회(training ministry)입니다. 앞장서서 일할 수 있는 일꾼을 길러내는 일입니다.

> "이에 제자들에게 이르시되 **추수할 것은 많되 일군은 적으**
> **니**" (마 9:37)

제가 한 일 중에 잘못했다고 반성하는 부분이 있습니다. 사람도 안 길러 놓고, 힘도 없으면서 일탐을 내서 여기저기 일을 벌여 놓은 것입니다. 자신의 일생을 걸고 잘 이끌어 나갈 일꾼이 부족한 것입니다.

전선은 넓은데 군사가 없으면 어떡합니까? 일의 순서가 바뀌었

습니다. 일꾼을 길러 놓은 만큼 일이 진척됩니다. 그 당연한 것을 "왜 그렇게 거꾸로 했을까?" 했더니 제 집사람이 "이제야 철이 드는구먼요." 하더군요.

하나님은 조직을 통해 일하는 게 아닙니다. 사람을 통해서 역사하십니다. 우리의 기도응답이 무엇으로 나타납니까? 사람입니다. 교회 건축하는 일에도 헌금이 없어서 "하나님, 현찰 주십시오"라고 기도하면 하나님이 현찰을 주십니까? 헌금 낼 사람들이 모이는 게 응답입니다. 사람을 우리가 기르는 겁니다.

> "그러므로 추수하는 주인에게 청하여 **추수할 일군들을 보내어 주소서** 하자 하시니라" (마 9:38)

우리의 기도제목은 '일꾼을 보내주시옵소서' 입니다. 기도하고 나서 마냥 기다리고 있으라는 말이 아닙니다. 성경에서 말하는 '일꾼을 보내 주시옵소서' 하는 것은 기도하면서 일꾼을 기르라는 것입니다. 한 사람, 한 사람 복음으로 깨우치고 말씀으로 무장시켜서 분명한 사상을 가지고 자기 분야에 헌신하도록 해야 합니다. 정말로 신명나게 헌신할 때에 하나님이 기뻐하시는 사역이 될 것입니다.

우찌무라 간조 선생의 평민사상, 함석헌 선생의 씨올사상, 그리고 민중신학의 오크로스 개념을 우리는 목민정신으로 계승해 왔습니다. 백성 한 사람 한 사람을 깨우치고 붙들어 주고 섬기는 것이 목민정신입니다.

남양주시에 250년 전 위대한 선각자가 있었습니다. 다산 정약용(丁若鏞 1762~1836) 선생입니다. 그의 생가와 무덤이 이 지역에 있습니다.

우리나라에서 다산 정약용을 연구하는 학자가 약 40여 명 남짓합니다. 그런데 일본에는 약 250명이 있다고 합니다. 일본 와세다 대학에서 정약용을 전공하는 분과 몇 년 전에 얘기를 나눈 적이 있습니다. 그는 200년 전에 조선 왕조가 다산 정약용을 영의정으로 세웠으면 아시아의 역사는 바뀌었을 것이라고 말합니다. 조선이 일본의 지배를 받지 않고 오히려 일본이 조선의 종이 되었을 것이라고 말입니다.

200년 전에 조선은 좋은 기회를 놓쳤습니다. 탁월한 경륜을 지닌 인물을 전라남도 강진에서 18년 간 귀양살이를 시켰습니다. 어떤 때는 끼니를 때울 수 없어 절에 가서 구걸하는 일도 있었습니다.

정약용은 귀양살이 18년 간 『목민심서』(牧民心書)라는 책을 썼습니다. 백성을 참답게 다스리는 길이란 뜻으로 '목민' 이라고 이름을 붙였습니다. 그런데 귀양살이 동안 실천을 못하고 마음으로 쓸 수밖에 없어 마음 심(心)자를 썼습니다.

목민의 경륜을 실천할 수 있는 자리가 그에게는 마련되지 않았습니다. '내가 지금 이 목민의 정신을 펼 길이 없는데 언젠가 후대에 내 뜻을 알아주는 후학이 있기를 바란다.' 라고 썼습니다. 참 감동적입니다. 목민심서의 핵심은 백성을 살찌게, 백성을 편안하게 하는 것입니다. 그 정신이 목민심서 48권에 면면이 흐릅니다.

베트남의 위대한 독립운동가 호치민(胡志明, 1890~1969)을 아시지요? 호치민은 공산주의자로 평생을 독신으로 지내면서 사후에 옷 한 벌, 신발 한 켤레만 남겼습니다. 월맹 지도자였던 그의 생일이 되면 베트남 상가가 전부 문을 닫았습니다. 그만큼 국민적인 지지를 받았던 사람입니다.

그는 독립운동을 하면서 프랑스군에게 일본군에게 쫓겨다닐 때도 다산 정약용의 『목민심서』만은 꼭 들고 다녔습니다. 치약, 칫

솔은 안 챙겨도 목민심서 48권만은 꼭 가져갔습니다. 베트남이 독립이 되면 조선의 학자, 다산 정약용의 글을 가지고 국가를 경영하겠다고 마음먹었기 때문이었습니다.

그런데 정작 그 후손들은 그 위대한 선각자 정약용 선생의 사상을 잘 알지 못합니다. 물론 우리는 성경의 진리로 살아가는 것이지 옛날 조상들의 교훈으로 사는 것은 아닙니다. 그러나 다산 정약용의 사상은 복음을 담는 그릇으로 볼 수 있습니다.

그릇이 중요합니까? 그릇에 담긴 밥이 중요합니까? 다산 정약용의 목민사상은 밥그릇입니다. 우리는 그 밥그릇에 예수님의 복음을 담아야 합니다.

다산 정약용의 사상은 밭이라 할 수 있고 예수님의 복음은 씨앗이라 할 수 있습니다. 좋은 밭에 복음의 씨앗을 심는 것입니다. 생명의 씨가 밭에 들어가 이 씨가 자라납니다. 그렇지요? 아무리 비옥한 밭이 있어도 씨앗이 없으면 헛일입니다. 복음은 생명의 씨앗입니다. 백성들을 돌보는 깊은 정신을 그릇으로 삼아, 거기에 성경의 진리를 담아서 현실에 맞도록 잘 요리해 내는 것이 신학입니다.

목민신학을 목회에서 실천하는 것을 목민목회라고 합니다. 목민목회에는 네 가지 기둥이 있다고 했습니다. 첫 번째는 교육목회, 두 번째는 복음전도목회, 세 번째는 치유목회, 그리고 네 번째로 일꾼을 기르는 목회입니다.

두레교회는 의사, 간호사, 한의사, 약사 등 의료업에 종사하는 사람들이 이미 목민목회 동지들입니다. 이 사람들이 모두 동네 여기저기 찾아다녀야 합니다. 병든 사람 없어요? 배 아픈 사람 없어요? 마음이 울적한 사람, 세상 살기 싫은 사람 없어요? 예배당에 앉아서 오기를 기다리지 말고 예수님처럼 이 마을 저 마을로 찾아다녀야 합니다.

구리시, 남양주시, 서울바닥으로 밟고 다녀야 합니다. 집집마다 두드려 가르치고 전도하고 치유하고, 성령이 기뻐하시는 살아 움직이는 교회를 만들어야 합니다. 그렇게 한번 해보도록 다짐해 보시기 바랍니다.

무엇보다 이러한 일을 할 수 있는 일꾼을 기르는 일이 선행되어야 합니다. 교과서를 만들어서 체계적으로 젊은 일꾼들을 일으켜야 합니다. 서로 의논하고 합심 기도하고 통일한국 시대를 염원하면서 나라 전체를 바라보고, 쓰임 받는 교회를 이루어 갈 수 있기를 바랍니다.

주님 은혜를 감사드립니다.

예수님이 전해 주시는 생명의 말씀을 가지고 한 마음 한 뜻이 되어 집집마다 찾아가 가르치며, 천국 복음을 전파하며, 약한 자 병든 자 낙심한 자를 치유할 수 있는 힘을 주시옵소서. 또 그 일에 필요한 일꾼을 보내 주실 것을 믿사옵니다.

이 시대 주님이 기뻐하는 교회다운 교회가 되어 예수님께서 무리를 불쌍히 보시고 '너희가 먹을 것을 주라'고 말씀하신 음성을 들을 수 있도록 길을 열어 주시옵소서. 그래서 뜨거운 목민정신을 가지고 이 시대 이 땅에 목민목회를 이룸으로써 주님의 선한 뜻을 예수님의 심장으로 백성들 마음 속에 씨를 뿌리고 싹이 트게 하여 열매를 거두는 우리들이 되게 하여 주시옵소서.

예수님 이름 받들어 기도드립니다.

6. 개척정신

"믿음은 바라는 것들의 실상

이요 보지 못하는 것들의 증

거니" (히 11:1)

개척정신

여호수아는 모세의 비서관이었습니다. 성경에는 시종으로 표현되어 있지만 요즘으로 말하면 비서관입니다. 비서관 중에서도 국방담당 비서관으로 볼 수 있습니다.

여호수아는 20대 청년 때부터 모세가 뽑아서 길렀습니다. 출애굽기 17장에 보면 애굽 종살이에서 벗어난 후 아말렉과 첫 번째 전투를 벌여야만 했습니다. 홍해를 건너서 광야를 행진하고 있을 때입니다. 이스라엘 민족은 전혀 전쟁 준비가 되어 있지 않은 상태인데 아말렉 족속이 앞을 가로막았습니다. 아말렉 족속은 무장이 잘된 전투경험이 풍부한 군대입니다.

이에 반해 이스라엘 민족은 애굽에서 종살이 하다가 갓 해방되어 나왔기에 오합지졸이나 마찬가지였습니다. 전쟁을 하면 상대가 되지 못합니다. 무장한 정규군과 무장이 안 된 비정규군의 전쟁은 불을 보듯 뻔한 일입니다.

그때 모세가 20대 청년인 여호수아를 지도자로 지목했습니다. 일반적인 방법으로 전쟁을 하면 승산이 없으므로 완전히 파격적인 방법을 선택했습니다. 하나님을 신뢰하는 영적으로 준비가 되어 있는 사람, 여호수아를 뽑은 것입니다. 여호수아는 개인 플레이 하지 않고 뜻을 같이하는 동지들과 항상 손발을 맞추는 일이 체질화 되어 있던 사람이었습니다.

> "모세가 여호수아에게 이르되 **우리를 위하여 사람들을 택하여** 나가서 아말
> 렉과 싸우라 내일 내가 하나님의 지팡이를 손에 잡고 산꼭대기에 서리라"
>
> (출 17:9)

여호와 닛시[여호와는 승리의 깃발]

모세가 여호수아에게 전투를 맡기면서 "우리를 위하여 사람들을 택하여 나가서 아말렉과 싸우라"고 했습니다. 훈련된 군사를 뽑아서 나가라고 하지 않았습니다. 고난도 같이 받고 영광도 같이 누리고 대를 위해서 죽음의 자리에 함께 나갈 수 있는 사람, 평소 기도하고 뜻을 같이 모았던 사람들을 데리고 나가서 전투에 임하라고 했습니다. 그리고 모세 자신은 뒤에 남아서 기도하겠다고 했습니다.

아말렉을 물리친 후 이스라엘 백성들은 '여호와 닛시'(יהוה נסי')라고 부르며 '여호와께서 이기게 해 주신 전쟁'이라고 찬양했습니다. '닛시'란 말은 깃발을 뜻합니다. '여호와는 승리의 깃발'이라는 말입니다. 하나님께서는 자신의 이름 때문에 '여호와 닛시'를 부르는 이에게 승리를 보장해 주십니다. 모세는 뒤에서 영적으로 밀고 젊은 지도자인 여호수아는 자기의 동지들을 데리고 죽을 각오로 나갔던 것입니다. 거기서부터 여호수아의 지도력이 길러졌습니다.

민수기 14장을 보면 가나안을 하루거리 앞두고 바란 광야에 도착했을 때에 모세가 12지파에서 한 명씩 뽑아서 가나안 땅에 척후대로 보냈습니다.

요즘 말로 하면 적진으로 침투하는 수색대라고 하겠습니다. 그때 여호수아가 갈렙과 함께 뽑혔습니다. 일꾼이 많다고 일이 되는 게 아니듯, 교회도 교인이 많다고 잘 돌아가는 것이 아닙니다.

교인 많은 것 자랑하는 교회는 별 볼일 없는 교회입니다. 교인이 몇 만, 몇 십만이 모여도 그 속에 여호수아와 갈렙 같은 일꾼이 없으면 말짱 헛일입니다. 교인이 백명이라도 그 중에 죽을 자리에 같이 나갈 수 있는 동지적인 결속을 한 사람들이 모여 있으면 힘이 있는 교회입니다.

갈렙과 여호수아를 포함한 12명이 가나안 땅에 들어가서 40일 동안을 정탐하고 왔습니다. 갈렙과 여호수아를 제외한 나머지 10명은 승산이 없다고 했습니다. 우리가 가나안 땅에 들어가면 몰살당한다고 주장했습니다. 완전히 패배주의에 빠진 채 지도자를 잘 못 뽑아서 망하게 생겼으니 애굽으로 되돌아가자고 했습니다. 애굽 종살이를 벗어나 여기까지 왔는데, 가나안 땅이 바로 하루거리인 곳에 도착했는데, 여기서 돌아가자니 분통이 터질 노릇입니다.

갈렙과 여호수아는 하루만 더 가면 가나안 땅인데 여기서 돌아설 수 없으며 들어가면 반드시 승리한다고 주장했습니다. 이때 이스라엘 백성들은 듣기 싫다고 돌로 여호수아를 쳐죽이려고 했습니다. 그때 하나님이 나타나셨습니다. 가나안 땅에 들어가서 승리

하자는 갈렙과 여호수아와 모세에게 돌질하려는 백성들에게 말씀하셨습니다.

> "여호와께서 모세와 아론에게 일러 가라사대 **나를 원망하는 이 악한 회중을
> 내가 어느 때까지 참으랴** 이스라엘 자손이 나를 향하여 원망하는 바 그 원망
> 하는 말을 내가 들었노라" (민 14:26~27)

해도 해도 너무하지요? 배고플 때 만나를 주고, 고기 먹고 싶다고 해서 메추라
기를 주고, 목마를 때 호렙산 반석에서 물을 주고, 아말렉과 싸울 때에는 승리의
깃발이 되어 주셨습니다. 그런데 가나안 땅을 하루거리 앞두고 겁을 먹고 되돌아
가겠다고 하면서 그 지도자를 돌로 쳐죽이려는 백성들을 하나님이 용납할 수 있
겠습니까?

어떤 가정이 잘 될 집안인지 어떤 나라가 잘 될 나라인지 구별하는 것은 쉽습
니다. 원망과 시비가 늘 이어지는 집안은 망해가는 집안이고, 어려운 상황에서도
서로 합심하고 위로하는 집안은 일어서는 집안입니다. '힘냅시다. 우리 가정에
이런 어려움이 언제는 없었나요? 기도하고 극복합시다.' 그런 집안은 앞길이 탄
탄대로입니다.

나라도 마찬가지입니다. 우리 한국이 지난번 IMF 관리체제에 들어갔을 때 독
일의 친구가 유럽에서 한국인을 바라보는 시각이 달라졌다고 말합니다. IMF 관
리체제에서 나라가 망하는 줄 알았는데 국민들이 줄서서 금가락지 금목걸이 갖
다 바치는 걸 보고 놀랐답니다. 전 세계에서 그렇게 할 수 있는 나라가 한국 말고
는 없다는 겁니다. 줄서서 금을 모아 가지고 20억 달러를 만들어서 경제위기를
극복하게 할 수 있는 국민은 전 세계에 없다는 겁니다.

한국의 잠재적 가능성을 세계에 보여 줬다며 칭찬이 대단합니다. 우리나라 국

민들은 자질과 가능성이 충분히 있습니다. 국민들의 숨은 가능성을 개발하여 창조적으로 국가건설을 하려면 투명하고 헌신적으로 앞장서는 지도력이 필요합니다. 앞장선 지도자들이 조금 잘하는 흉내만 내도 국민들은 뭉칩니다.

전에 같이 징역살고 활동했던 친구들이 정치계에 고루고루 가 있는데 가끔 복잡할 때 '식사 한번 하자' 고 연락이 옵니다. "김 목사 생각은 어떤가? 요새 민심이 어떻게 돌아가고 있나?" 그런 얘기를 묻곤 합니다. 저는 그 친구들에게 "국민들은 언제든지 따를 준비가 되어 있으니까 싸우고 발 걸고 넘어지고 하지 마라. 여당은 야당을 돕고 야당도 여당을 돕고 김대중 대통령도 도와 드리라"고 합니다.

김 대통령이 뭔가 해보려고 북한에 갔다 외국에 갔다 애쓰지 않습니까? 세계에서는 아시아 최고의 대통령이라고 높여주는데 나라 안에서도 이해를 하고 밀어드려야 하지 않겠습니까?

자꾸 흠집 내고 불평불만을 일삼고 안되는 쪽으로만 말하면 결국 국민들만 손해봅니다. 국민들이 보기에 얼마나 답답합니까? 야당에서는 말 한마디라도 밀어주고 이해해 주고 '참 수고하십니다. 우리 야당이 좀 도와드릴 일이 없습니까?' 또 여당은 여당대로 '야당 의원들 고생하는데 우리가 좀 풀어줄 게 없습니까?' 이렇게 오고가고 하면 이 말이 하나님께 올라갑니다.

"그들에게 이르기를 여호와의 말씀에 나의 삶을 가리켜 맹세하노라 **너희 말이 내 귀에 들린 대로 내가 너희에게 행하리**

나" (민 14:28)

하나님이 뭐라고 하셨습니까? '너희가 말하는 것, 기도하는 것이 내 귀에 올라온다'고 하셨습니다. '너희 말이 내 귀에 들리는 대로 내가 너희에게 해주겠다.'고 하셨습니다. '아이고, 우리나라 망했네, 망했네'라고 한탄하면 정말 망하게 하십니다. 하룻밤 사이에 폭삭 망하는 게 아닙니다. 이스라엘은 망하는 데 40년 걸렸습니다. 누에가 뽕잎 먹듯이 야금야금 망하게 됩니다. '너희 말이 내 귀에 들리는 대로 행하리라.' 이것이 기독교인들이 인생을 살아가는 원칙 제1조입니다.

부부나 부모 자식간에, 교인들 간에 자기 가정, 교회 그리고 우리나라의 앞날에 대해서 어떻게 말하느냐에 따라 우리의 미래가 결정됩니다. 10년 후에 어떻게 될 것인가는 지금 우리가 말하는 내용에 달려 있습니다. 우리가 말하는 것, 기도하는 것, 꿈꾸는 것이 바로 우리의 미래가 됩니다.

이것은 마치 수학 공식과도 같습니다. 2+2=4가 되듯이 우리가 지금 말하고, 기도하고, 꿈꾸는 것이 우리의 미래가 될 것입니다. 두레교회가 무엇을 합심기도할 것이냐, 무슨 대화를 할 것이냐, 무슨 꿈을 꿀 것이냐 하는 문제가 앞으로 10년, 20년 후의 우리의 미래를 결정합니다. 교회의 미래는 교회에 소속된 한 가정 한 가정의 미래가 아니겠습니까? 각 가정이 모여서 교회를 이루기 때문입니다.

여호수아는 가나안 땅에 진입하기 위한 총지도자로 뽑혔습니다. 모세는 20대부터 뽑아서 지도력을 기른 여호수아를 후계자로 택했습니다.

여호수아서 전체를 읽다 보면 여호수아가 정말 대단한 사람임을 알 수 있습니다. 모세처럼 화려하지도 않고 카리스마도 없습니다. 모세가 앞장 서서 '나를 따르라' 하면 온 백성들이 모두 다 따르지요? 여호수아는 그렇지 않았습니다. 여호수아서 전체에 서른 세 번의 대전투가 나오는데 가장 위험한 최전선에 총대장 여호수아가 섰습니다. 군대가 주둔할 때도 여호수아 장군은 사병들과 침식을 같이했습니다. 차세대 지도자는 그 지도력이 백성들 안에서 나오는 것입니다.

스스로 개척하라

가나안 땅에 들어가서 점령한 땅을 12지파에게 나누지 않습니까? 12지파 중 레위지파에게는 말하자면 영적 공무원 지파이므로 분배되는 땅이 없었습니다. 11개의 지파에게 땅을 분배할 때 한 지파에 한 몫씩을 주다 보니 요셉지파가 문제가 되었습니다.

본래 가나안 땅에 있던 야곱 가족이 요셉의 초청으로 애굽으로 옮겨갈 때 70명의 식구가 갔습니다. 요셉이 총리가 되어 다른 식구들을 초청하였으므로 요셉의 직계가 모든 면에서 유리했습니다.

그후 400년 동안 요셉의 직계들이 제일 번성했습니다. 큰아들은 므낫세이고 둘째 아들은 에브라임이었습니다. 이 형제의 가문이 뻗어 나가 나중에 두 지파의 세력이 되었습니다. 본래 요셉은 한 지파이지만 가나안 땅에 들어갈 때에는 숫자, 세력, 전투력 면에서 다른 지파의 두배 몫을 했습니다.

그러다보니 땅을 분배할 때 문제가 생긴 것입니다. 요셉 지파에게 두 몫을 주어야 할 지, 한 몫을 주어야 할 지 결정해야만 했습니다. 이때 여호수아가 한 가지 분명한 원칙을 세웠습니다. 요셉 지파에게 한 지파 몫만 준 것입니다.

므낫세와 에브라임 형제에게 불만이 생겼습니다. "요셉을 아버지로 둔 두 아들이 이렇게 번성을 해서 전투할 때도 제일 많이 싸우고, 일도 많이 하고 숫자도 많으니 반드시 두 지파 몫을 주셔야지 한 지파 몫만 주면 어떡합니까?" 땅을 분배하는데 여호수아 장군에게 항의를 했습니다. 그러나 여호수아 장군은 이리 쏠리고 저리 쏠리고 형편에 따라 비위를 맞추지 않고 확고한 원칙을 끝까지 밀고 나갔습니다. 이것이 두레정신과 맥이 통하는 것입니다.

> "요셉 자손이 여호수아에게 말하여 가로되 여호와께서 지금까지 내게 복을 주시므로 내가 큰 민족이 되었거늘 당신이 나의 기업을 위하여 한 제비, 한 분깃으로만 내게 주심은 어찜이니이까 여호수아가 그들에게 이르되 네가 큰 민족이 되므로 에브라임 산지가 네게 너무 좁을진대 브리스 사람과 르바임 사람의 땅 삼림에 올라가서 **스스로 개척하라**" (수 17:14~15)

"땅이 좁은가? 너희들 지파가 힘이 세고 실력이 있으면 좁은 땅에서 더 달라고 하지 말고 나가서 개척하라. 미래를 향하여 뻗어 나가야지 좁은 땅을 너희에게 많이 달라고 하면 다른 지파의 몫이 줄어들지 않는가? 목숨 걸고 피 흘려서 앞으로 나가서 축복의 몫을 넓히라"고 했습니다.

> "여호수아가 다시 요셉의 족속 곧 **에브라임과 므낫세에게** 일러 가로되 너는 큰 민족이요 큰 권능이 있은즉 한 분깃만 가질 것이 아니라" (수 17:17)

우리가 성경을 읽으면서 이런 부분은 영적 감수성을 가지고 읽어야 합니다. 성경을 대충대충 읽을 것이 아니고 앞뒤를 잘 분별해서 읽어야 합니다. 에브라임과 므낫세 중에 누가 형입니까? 므낫세가 형이므로 당연히 '므낫세와 에브라임'이라고 써야 할 텐데 왜 동생인 에브라임을 먼저 썼을까요? 거기에는 영적 의미가 있습니다.

첫째 아들 므낫세라는 이름 자체의 뜻은 '과거의 청산'입니다. 지난날의 한과 눈물과 억울한 것을 하나님이 다 잊게 해 주셨다는 의미입니다. 둘째 아들 에브라임은 쭉쭉 뻗어 나가는 '미래의 번영'을 의미합니다. 처음에는 므낫세와 에브라임이라고 해서 과거의 청산과 미래의 번영이라고 했습니다. 그러다가 에브라임과 므낫세로 순서가 바뀌었습니다.

왜냐하면 성경은 철저하게 미래지향적인 신앙이기 때문입니다. 미래를 향해서 개척정신을 가지고 뻗어 나가는 것이 영적인 태도입니다. 과거는 뒤로 빠집니다. 시편에서는 므낫세가 아예 빠져버리고 '에브라임, 나의 에브라임' 이렇게 나옵니다.

참으로 은혜 받은 사람은 역경에 부딪힐 때 좌절하거나 부도가 났다고 자리에 앉아서 징징거리지 않습니다. '어차피 망하는 것, 죽기 아니면 살기로 나가자. 지난 세월 하나님이 붙들어 주셨는데 지난 건 다 땅에, 십자가 밑에 묻어버리고 미래를 향해 한번 나가 보자' 이러한 태도가 에브라임 신앙입니다. 그런 담대함이 있을 때 영적인 사람이라 하겠습니다.

두레교회는 현재 잘 나가는 사람들이 모이는 교회가 아닙니다. 그 중에는 잘 나가는 사람도 있겠지만 바닥을 헤매는 사람이 많습니다. 지금까지 살아온 과거는 므낫세입니다. 십자가 밑에 다 묻

어버리고 다른 사람 원망하지 말고 기죽지 말고 미래를 향해 나아가면 됩니다.

> "그 산지도 네 것이 되리니 비록 삼림이라도 네가 개척하라 그 끝까지 네 것
> 이 되리라 가나안 사람이 비록 철병거를 가졌고 강할지라도 네가 능히 그를
> 쫓아내리라" (수 17:18)

이 말씀의 뜻은 너희들의 나아가는 길을 가로막는 나무는 찍어 눕히고, 바위는 깨뜨리고 험한 곳은 경지작업 해서 전진하라는 말입니다. 가나안 땅은 철광석의 산지입니다. 풍부한 철 생산으로 인해 본래부터 전투력이 강한 곳입니다. 철병거는 말 여섯 필이 끄는 쇠로 만든 전차입니다.

요즘 식으로 말하면 탱크 대 소총의 싸움입니다. 이스라엘 민족은 소총을 들고 가나안 원주민은 탱크로 싸우는 것입니다. 여호수아는 요셉지파에게 "가나안이 철병거를 갖고 있다고 겁먹지 말고 부딪쳐서 점령해 나가라"고 말합니다. 여호수아가 투철한 확신을 가지고 이스라엘 사람들을 이끌었기 때문에 서른 세 번의 전투를 모두 승리할 수 있었습니다. 요즘같이 어려운 시기에 여호수아 같은 지도자가 얼마나 필요합니까?

자식 키우는 사람들은 여호수아같은 믿음의 조상들의 얘기를 잘 가르쳐야 합니다. 여호수아서를 읽다 보면 전쟁 이야기밖에 없어 재미가 없다고 하는 분들이 있습니다. 저는 성경을 겉으로만 읽지 말라고 합니다. 사건과 사건, 전투와 전투 사이에 끊임없이 보이는 여호수아의 신앙과 지도력을 읽으라고 말합니다.

두레정신의 중심에 개척정신이 있습니다. 우리는 가진 것이 없는 바닥사람들 아닙니까? 우리 중에 재벌이 있는 것도 아니고 크게 출세한 저명인사가 있는 것도 아닙니다. 고만고만 그저 밥 먹고 살면서 꿈을 가지고 있는 사람들이 대부분

입니다.

성령님께서 우리들에게 스스로 개척하라고 말씀하십니다. 앉아서 졸다가 '개척하자' 한다고 됩니까? 어떠한 악조건도 극복할 수 있어야 합니다.

저는 남양만에서 소, 돼지 사육단지 하다가 홀랑 망해 빚더미에 앉아 빚쟁이들에게 몰매를 맞기도 했습니다. 250명이나 되던 교인이 13명만 남았습니다. 앞자리에 13명이 앉아 한숨만 쉬고 있습니다. 앞자리에 앉아 있는 할머니들이 어찌나 한숨을 크게 쉬던지 제가 한번은 설교 시간에,

"할머님들, 목 한번 만져보세요"라고 했습니다.

"목은 왜요?" 다들 열심히 목을 만지고 계셨습니다.

"목이 붙어 있지요? 목만 붙어 있고 숨쉬고 믿음으로 기도하고 견디면 때는 오니까 걱정 마세요"

라고 했습니다. 할머니들이 묻더군요.

"목사님, 제정신으로 하는 소리입니까?"

"아, 그러면 제정신이지요"라고 했더니

"아이고, 목사님이 그리 든든하게 말씀하시니 힘이 납니다."하면서 표정이 밝아졌습니다.

그런데 그 말은 제가 지어낸 말이 아니고 성경에 그렇게 씌어 있습니다. 이게 우리들 개척자들의 신앙입니다.

저는 하도 험한 꼴을 많이 봐서 어지간한 일 가지고는 놀라지도 않습니다. 별것 아닌 걸 가지고 어쩔 줄 몰라 합니다. 제가 속으로

‘어지간히 요란스럽다’ 합니다. ‘아직 초짜라서 그렇지 몇 번 더 망해봐야겠구나’ 라고 말입니다.

세상은 처음부터 억울하게 되어 있습니다. 예수님은 오죽 억울하셨겠습니까? 그렇다고 아무 죄 없는 예수님이 십자가에서 ‘아이고, 억울하다’ 하셨습니까? 사명을 가지고 사는 사람들은 때로 망하기도 하고 욕도 먹고 하면서 앞으로 나아가는 것이지, 항상 고속도로로 가거나 세종로로 들어서는 그런 인생이 어디 있습니까? 어차피 인생은 넘어지고 일어나면서 하나님의 뜻에 따라 쓰임 받는 것 아닙니까? 그렇지요?

“그러므로 너희 **담대함을 버리지 말라** 이것이 큰 상을 얻느니라” (히 10:35)

여기에서 믿음장의 기초가 되는 말씀을 하셨습니다. 어떤 역경과 실패, 또는 아무리 억울하고 답답한 일이 있더라도 앞을 바라보고 나아가라고 합니다. 용기와 담대함을 버리지 말라고 합니다.

결국 하나님이 우리를 승리하게 하시고 망하도록 내버려두지 않는다는 말입니다. 예수님이 뭐라고 그랬습니까? ‘담대하라, 내가 세상을 이겼노라’ 고 하셨습니다. 처음부터 이기는 싸움이므로 뱃심 두둑하게 담대하게 헤쳐 나가야 합니다. 참고 기다리지 못하는 사람은 하나님 앞에 쓰임 받지 못합니다. 하나님 앞에 쓰임 받으려면 하나님이 허락하시는 때가 오도록 기다려야 합니다.

“오직 나의 **의인은 믿음으로 말미암아 살리라** 또한 뒤로 물러가면 내 마음이 저를 기뻐하지 아니하리라 하셨느니라 우리는 뒤로 물러가 침륜에 빠질 자가 아니요 오직 영혼을 구원함에 이르는 믿음을 가진 자니라” (히 10:38~39)

그런데 하나님의 일에서 후퇴하는 사람은 해당이 안됩니다. 뒷걸음질하는 사람은 하나님 앞에 설 수 없습니다. '난 요즘 슬럼프에 빠졌다 한 두어 달 쉬어야겠다' 이러는 사람들이 있지요? 성령께서 웃으십니다. 지금은 뒤로 물러나 주저앉아서 침체에 빠질 때가 아닙니다. 어떤 처지에서도 인내하면서 담대하게 앞으로 나아가야 합니다. 뒤로 물러서거나 주저앉는 신앙이 아닙니다. 확고한 신앙을 가지고 일어설 수 있어야 합니다.

믿음장인 히브리서 11장 1절에는 신앙의 정수가 들어 있습니다. 이 절을 가지고 책 한 권 분량을 써도 될 정도입니다.

> "믿음은 바라는 것들의 **실상**이요 보지 못하는 것들의 **증거니**"
> (히 11:1)

별것 아닌 것 같아 보이지요? 그러나 그 속에 담긴 뜻은 무궁무진합니다. 믿음은 내가 바라고 꿈꾸고 기대하는 것들의 '히포스타시스'($\upsilon\pi\acute{o}\sigma\tau\alpha\sigma\iota\varsigma$, the substance), 실상입니다. '히포스타시스'란 말은 받침대라는 말입니다. 여러분들 각자가 바라는 게 있지요? 바라는 것을 공중에 그냥 놔두면 가만히 있습니까? 손을 떼면 금방 떨어져 버립니다.

온 교회가 그걸 바라보고 나가려면 거기에 도달할 때까지 떨어지지 않도록 받쳐줄 수 있는 받침대가 필요합니다. 그 받침대가 바로 믿음입니다. 여러분 각자 가정에 소망하는 것이 있지 않습니까? 개인이나 가정이나 교회에는 나름대로 바라는 목표가 있습니다.

이스라엘 백성들에게는 가나안땅이 바라는 목표였습니다. 이스라엘 백성들이 요단강을 건너서 가나안 땅에 들어갈 때까지 밑에서 받쳐주는 받침대가 믿음이 었습니다. 받침대가 없어지면 어디로 갈지, 뭘 보고 가야할지 알 수가 없습니다. 우리 모두가 마음을 다해서 어떤 역경도, 어떤 가시밭길도 헤쳐 나아갈 수 있는 받침대가 바로 믿음입니다. '믿음은 바라는 것 들의 실상이요 보지 못하는 것들 의 증거' 라고 했습니다.

'증거' 라는 말은 헬라어로 '알렉소스' ($\check{\epsilon}\lambda\epsilon\gamma\chi o\varsigma$, the evidence)인데 가슴에 뜨겁게 임하는 확신을 뜻합니다. 믿음은 눈으로 보지 못하기 때문에 가슴으로 본 다는 말입니다. '가슴에 임하는 뜨거운 확신을 가지고 목표에 틀림없이 도달할 줄로 믿습니다' 하는 믿음으로 보는 것입니다.

본문의 이 은혜가 우리 가슴에 다 통해야 합니다. 그렇게 될 때 믿음의 성공이 이어질 것입니다.

> "이러므로 우리에게 구름같이 둘러싼 허다한 증인들이 있으니 모든 무거운 것과 얽매이기 쉬운 죄를 벗어 버리고 인내로써 우리 앞에 당한 경주를 경주 하며 믿음의 주요 또 온전케 하시는 이인 **예수를 바라보자** 저는 그 앞에 있는 즐거움을 위하여 십자가를 참으사 부끄러움을 개의치 아니하시더니 하나님 보좌 우편에 앉으셨느니라" (히 12:1~2)

믿음의 선배들이 목숨을 걸고 가슴으로 뜨겁게 받은 믿음의 승리사례가 구름 과 같이 많다는 것입니다. 세상 것 보지 않고 십자가에서 우리를 위해 죽으시고 부활하신 예수님만 바라보고 나아가면 됩니다.

시오노 나나미(塩野七生 , 1937~)라는 일본여류작가가 쓴 『로마인 이야기』라는 책을 소개할까 합니다. 이 책에는 '베네치아공화국 천년의 메시지' 라는 부제가 붙어 있습니다. 베네치아는 인구가 18만 명 되는 도시입니다. 유럽 열강들 사이에서 천 년 이상의 역사를 자랑합니다. 구리시 인구가 딱 18만 명입니다.

구리시 크기만한 나라가 당시 강대국 중 하나인 터키와 싸웠습니다. 베네치아 공화국은 유럽 열강들과 어깨를 겨루며 최고의 문화예술 도시를 만들었고 해상무역 국가로 당대 상권을 잡았습니다.

5세기에는 중앙아시아의 훈족의 지도자 아틸라(Attila 406?~453)가 유럽을 침략했습니다. 훈족은 아주 포악한 야만족입니다. 그의 군대가 지나는 곳이면 시체가 산같이 쌓였습니다. 로마사람들이 밀리고 밀려서 바닷가까지 오게 되었습니다. 바다에서 더 나갈 데가 없자 갯벌에 들어갈 수밖에 없었습니다.

"믿음은 바라는 것들의 실상이요 보지 못하는 것들의 증거니" (히 11:1)

바다 갯벌에 말뚝을 박고 말뚝 위에 집을 지어 세운 나라가 베네치아공화국입니다. 갯벌까지 밀려가 472년에 인구 18만의 도시국가 베네치아공화국을 세웠습니다.

그리고 1797년에 나폴레옹 군대에게 망할 때까지 천 년이 넘는 세월 동안 베네치아공화국이 유지되었습니다.

개척정신, 적응력, 열린 체제

이 책이 우리에게 가르쳐 주는 세 가지 교훈이 있습니다. 바다 위에 도시를 세워 열악한 조건에서도 강대국들 사이에서 번영할 수 있었던 첫째 이유는 개척정신입니다. 둘째는 어떤 조건에도 기민하게 맞추어 나갈 수 있는 적응력(flexibility)입니다. 셋째는 온 시민이 참여하는 열린 체제(open system)입니다. 베네치아공화국은 중대한 문제를 결정할 때마다 18만명이 다 참여했습니다.

두레교회를 예로 들면 교회를 짓는 일에 교회 설계, 노동 봉사, 헌금 등 모든 일에 전 교인이 참여하는 것과 같습니다. 당회에서나 건축위원회에서 결정한 뒤 전문회사에 맡겨버리는 것이 아닙니다. 그런 식으로 했더라면 베네치아 공화국은 몇 십 년도 유지되지 못했을 것입니다.

강대국이 쳐들어오면, 바다 위에 떠 있는 조그마한 나라가 어떻게 이길 것인가 하는 문제로 전 국민이 성직자들 중심으로 예배 드리고 의논을 했습니다. 결정을 하면 지도자를 중심으로 목숨을 걸고 나가 싸웠습니다. 또한 배를 만들어 바다로 뻗어 나가 번영을 누리는 해양 국가로 입지를 굳혔습니다. 배를 이용해 중개무역을 했습니다. 이 나라, 저 나라와 무역을 해서 부를 축적했으며 십자군 전쟁 때에는 군의 수송을 담당했습니다. 배로 갈 수 있는 모든 나라에 가서 장사하며 국력을 키워 나갔습니다.

큰 제국들이 탐을 내서 베네치아공화국을 몇 번 침입했습니다. 당시에는 배 밑창에 노 젓는 방이 따로 있었는데 대개 노예들이 배를 저었습니다. 배가 가라앉으면 노예들은 철사줄에 묶인 채로 배와 함께 가라앉게 됩니다.

그러나 베네치아에서는 달랐습니다. 노예들이 아니라 전투원들이 노를 저었습니다. 노를 젓다가 전투에 맞닥뜨리면 그 전투원들이 칼 들고 나갑니다. 배 밑창에서 노를 젓다가 싸우려고 올라가려면 늦지 않습니까? 그래서 노 젓는 장소를 배 밑창에 두지 않고 갑판에 두었습니다. 12명이 한 조가 되어 전시에는 그중 한 명이 전투에 나갑니다. 대신 나머지 11명은 열심히 돈 벌어 한 명에게 월급을 모아줍니다.

우리나라는 지리적으로 대륙세력과 해양세력이 부딪치는 반도에 위치하고 있습니다. 러시아와 중국의 대륙세력과 미국과 일본의 해양세력이 대치하는 곳입니다. 대륙과 해양 사이에서 개척정신을 가지고 오대양 육대주로 뻗어 나아가야 합니다.

이번에 북한과 중국, 러시아까지 이어지는 철도를 놓는다고 합니다. 철도를 20㎞ 복선화하면 러시아를 지나서 독일 베를린까지 더 나아가 영국 런던까지 기차타고 갈 수 있는 길이 열리는 것입니다. 아무리 악조건이라도 여호수아처럼 개척정신을 가지고 뻗어 보십시오. 하나님은 그런 백성을 밀어주십니다.

지난 2월에 제가 성지순례를 다녀왔습니다. 다니면서 생각을 많이 했습니다.

이스라엘 인구는 5백만인데 면적은 강원도만 합니다. 그런데 그 사막에서 5백만 명이 어떻게 살아갑니까? 사막에 4백㎞ 물을 끌어와 거기다가 귤밭을 만들고 농사지어서 식량을 자급하고도 작년에 32억 달러를 수출했습니다.

그런데도 우리는 이스라엘에 비하면 훨씬 좋은 조건입니다. IMF 관리체제 당시 식량수입에 얼마나 썼는지 아십니까? 무려 1백6억 달러라고 합니다. 이스라엘과 우리나라의 이러한 대조적인 상황은 무엇 때문일까요? 국민과 지도자들의 개척정신에 그 차이가 있습니다.

스위스는 조그만 나라입니다. 제가 스위스에 갔을 때 〈네슬레〉라는 회사를 일부러 찾아가 봤습니다. 〈네슬레〉는 세계 86개 나라에 지점이 있고 공장만도 460여 개나 됩니다. 한 해 매출이 20조 원 규모라고 합니다. 전세계 종업원이 19만 명이고 순이익은 5조 원입니다. 그런데 본사에 가 보니 허름해 보이는 건물이었습니다. 세계 각 곳에 나가 있는 개척지 현장에 주력을 하고 본사 사무실에는 투자를 안하기 때문이라고 합니다.

해외에서 우리 교민들을 보면 4백만 불 들여서 집을 지어놓고 전기요금을 아끼려고 조그만 문간방, 개집만한 곳에서 달달 떨고 지냅니다. 호텔 지어놓고 강아지 집에 앉아 있으면 무슨 소용이 있습니까? 한국 사람들이 겉만 화려하게 꾸미는 경향이 있는데 삶의 방식을 현실적으로 고쳐야 합니다.

전에 다녔던 예배당에서 장로, 권사 직분을 가졌다고 하는 건

지나간 과거입니다. 앞으로가 문제입니다. 우리 교회도 청년들, 학생들, 유치원생들 그리고 엄마 뱃속에 있는 아이들에게 투자해야 합니다. 이 사람들이 바로 우리 교회의 미래이기 때문입니다.

어른들끼리만 모여서 '할렐루야 아멘' 한다고 나올 게 뭐가 있겠습니까? 우리는 후손들을 위해서 허리띠를 졸라매고 개척정신으로 앞으로 나아가야 합니다. 우리 한 세대가 희생하고 후손들에게 아름다운 나라, 멋진 교회를 물려주자는 마음을 가져야 합니다. 이러한 개척정신이 우리의 활로가 될 것입니다.

이스라엘 초대수상은 벤구리온(David Ben-Gurion, 1886~1973, 시오니즘 지도자)이라는 사람이었습니다. 그가 초대수상을 역임한 후 사임을 하는 자리에 섰습니다.

"저는 여호와의 은혜로 수상직을 잘 감당했습니다. 국민 여러분 감사합니다. 앞으로 이스라엘의 미래는 사막에 달려 있습니다. 나는 조국의 임무를 끝냈으니 사막의 개척자로 들어가겠습니다" 사임하는 날 그가 했던 말입니다.

그리고 나서 사막 한복판으로 들어갔습니다. 그는 사막을 개간하는 일에 나섰습니다. 그런 뛰어난 인재들이 나라에 있기 때문에 국민들의 삶이 윤택할 수 있었습니다. 이스라엘에서 버스를 타고 가다 보면 사막 기부츠(Gibbutz, 이스라엘의 집단농장의 한 형태)에서 손에 굳은살이 배기고 허리가 꾸부정한 개척자들이 버스에 오릅니다. 버스 안에 있던 사람들이 모두 일어나서 자리를 비켜줍니다. 그만큼 개척자를 우대합니다.

우리나라는 어떻습니까? 버스에 시골 농사꾼 할아버지들이 타면 조그마한 애들도 자는 척하고 쳐다보지도 않습니다. 이 정도의 국민정신으로는 선진국 대열에 설 수 없습니다.

두레교회는 어른에서부터 유치원 아이들에 이르기까지 다른 사람들과 차이가 있어야 합니다. 성경에 바탕을 둔 확고한 믿음과 훈련이 필요합니다. 그리고 투자와 교육 또한 필요합니다. 유치원 아이들과 유년 주일학교 애들도 떠들도록 두지 말고 가르쳐야 합니다. 기도할 때는 바른 자세로 앉아 있도록 가르쳐야 합니다.

미국이나 독일에 가보면 대여섯 살 된 아이들도 예배시간에는 조용히 앉아 있습니다. 가르치고 훈련시켜야 합니다. 한 세대가 각오하고 가르쳐야 합니다. 개척하고 땀 흘려 살게 가르쳐야 합니다. 쓰레기 버리는 것에서부터 신발 벗는 것, 어른들께 말하는 것까지 다 가르쳐야 합니다.

앞의 세대가 자식들을 가르치지 않으면 그 나라는 다시 과거의 고통을 되풀이할 수밖에 없습니다. 하나님이 보시기에 합당하고 우리 자신이 하나님 앞에 당당해야 합니다. '하나님 열심히 했습니다. 우리 서민들이 돈도 부족하고 인력도 부족하지만 열심히 했습니다. 하나님이 알아주실 줄 믿습니다.' 이런 마음을 가지고 나가면 됩니다. 반드시 하나님이 앞장서서 우리를 이끌어 주실 줄 믿습니다.

이스라엘 백성들이 광야를 행진할 때에 앞장섰던 것이 무엇인지 아십니까? 낮에는 구름기둥, 밤에는 불기둥입니다. 은혜의 구름기둥, 성령의 불기둥이 우리 두레교회와 교인들의 각 가정을 이끌어 주실 줄 믿습니다.

출애굽기 14장에 보면 이스라엘 백성들이 광야길을 행진하여 홍해에 도달한 장면이 나옵니다. 뒤에는 바로왕의 군대가 따라오고 앞에는 홍해가 가로막혔는데 어떻게 하겠습니까? 앞으로 나가면 물에 빠져죽고 뒤로 물러나면 바로왕의 군대에게 죽을 수밖에 없는 상황에서 하나님께서 어떻게 하셨습니까?

> "모세가 백성에게 이르되 너희는 두려워 말고 가만히 서서 여호와께서 오늘 날 너희를 위하여 행하시는 구원을 보라 너희가 오늘 본 애굽 사람을 또 다시는 영원히 보지 못하리라 여호와께서 너희를 위하여 싸우시리니 너희는 가만히 있을지니라 여호와께서 모세에게 이르시되 너는 어찌하여 내게 부르짖느뇨 이스라엘 자손을 명하여 **앞으로 나가게 하고 지팡이를 들고 손을 바다 위로 내밀어** 그것으로 갈라지게 하라 이스라엘 자손이 바다 가운데 육지로 행하리라" (출 14:13~16)

홍해가 앞에 있는데 앞으로 나가 바다 속으로 들어가라고 합니다. 모세가 지팡이로 홍해를 갈랐지요? 홍해를 가른 것이 먼저입니까? 물 속으로 들어간 것이 먼저입니까?

15절에 홍해는 그대로 있는데 '앞으로 나아가라' 고 하나님께서 말씀합니다. 그리고 그 다음에 모세가 지팡이로 바다를 가릅니다. 홍해가 있든 요단강이 있든 '나아가라' 이겁니다. 여호수아서 3장에는 요단강을 건너는 이야기가 나옵니다.

> "백성이 요단을 건너려고 자기들의 장막을 떠날 때에 제사장들은 언약궤를 메고 백성 앞에서 행하니라" (수 3:14)

백성들 맨 앞자리에 최강의 전투요원들이 있었습니까? 아닙니다. 제사장들이 앞장섰습니다.

예나 지금이나 어려운 일이 생길 때면 목회자들이 앞장서서 나가야 합니다. 두레교회 일꾼들은 앞장설 각오가 되어 있습니다. 굶어도 목회자가 먼저 굶고 고생을 해도 목회자가 먼저 고생을 하겠다는 마음을 가지고 있습니다.

가나안 땅에 들어갈 때 요단강을 앞에 두고는 제사장들이 언약궤를 메고 제일 앞에 서고 그 뒤에 전투부대가 따르고 맨끝에 노약자들이 뒤따랐습니다. 이것이 바로 영적인 군대입니다.

> "(요단이 모맥 거두는 시기에는 항상 언덕에 넘치더라) 궤를 멘 자들이 요단에 이르며 **궤를 멘 제사장들의 발이 물가에 잠기자 곧 위에서부터 흘러 내리던 물이 그쳐서** 심히 멀리 사르단에 가까운 아담 읍 변방에 일어나 쌓이고 아라바의 바다 염해로 향하여 흘러가는 물은 온전히 끊어지매 백성이 여리고 앞으로 바로 건널새" (수 3:15~16)

물이 그친 후에 발을 넣었습니까? 발이 들어간 후에 물이 그쳤습니까? 발이 물에 들어간 후에 흘러내리던 물이 그쳤습니다. 만일 강둑에 서서 물이 그치기만을 기다렸으면 강을 건너지 못했을 것입니다. '너희가 목숨을 걸고 개척정신으로 하나님을 신뢰하고 들어가라. 앞으로 나아가라' 이 말씀입니다. 그러면 하나님이 모든 조건을 뒷받침해 주시는 것입니다.

두레교인들은 믿음 안에 확고히 서서 어떤 처지에서도 환경을 탓하거나 뒤로 물러나서는 안됩니다. 홍해가 나타나든, 요단강이 나타나든, 사막이 나타나든, 앞으로 나아갈 수 있는 개척신앙을 지닐 수 있기를 바랍니다.

　주님 은혜를 감사드립니다.

　어려운 시대에 우리를 가로 막고 있는 영육간의 장애를 어떤 믿음, 어떤 다짐으로 극복할 것인가 말씀을 통해 살폈습니다.

　여호와 아버지, 가나안 땅에 들어가서 요셉지파가 여호수아에게 두 지파의 몫을 달라고 했을 때 여호수아 장군이 분명히 한 말 '스스로 개척하라! 너희가 진실로 힘이 있느냐?' 그 말씀은 두레교회 성도들에게 주신 말씀으로 믿습니다.

　늙은이로부터 젊은이, 어린아이에 이르기까지 우리가 말하는 것, 기도하는 것, 꿈꾸는 것, 바라는 것이 우리의 미래가 될 줄로 믿습니다.

　'너희 말이 하늘에 닿는 대로 내가 이루리라' 그 말씀이 우리 심령에 닿아 우리 성품과 말과 기도의 제목이 변화되도록 성령님 이끌어 주시옵소서.

　예수님 이름 받들어 기도드립니다.

7. 창조정신

"여호와의 신 곧 지혜와 총명의

신이요 모략과 재능의 신이요

지식과 여호와를 경외하는 신이

그 위에 강림하시리니" (사 11:2)

창조정신

우리나라는 국토가 좁고 자원도 많지 않습니다. 그런데 인구는 많습니다. 좁은 국토에 자원이 적으면서 많은 인구가 번영을 이루려면 사람 많은 것이 유일한 재산입니다.

그러나 사람 많은 것이 개인의 번영과 겨레의 번영으로 직결되는 것은 아닙니다. 많은 사람 중에서 독창성과 창의력이 뛰어난 사람들이 얼마나 많이 배출되느냐, 그리고 창의력이 뛰어난 개인의 역량을 조직화해서 사회발전으로 연계시킬 수 있는 지도력을 확보할 수 있느냐가 관건이라고 하겠습니다.

저는 개인적으로 한 가지 다행스럽게 생각하는 게 있습니다. 일반적인 생각과 조금 동떨어진 얘기입니다만, 저는 고등학교 때 정규교육을 착실하게 받지 않고 헤르만 헤세의 시집 한 권을 들고 거의 18개월 동안 무전여행을 다녔습니다. 다니면서 여러 가지를 경험해 보고 죽을 고비를 넘기기도 했습니다. 무전여행을 다니다 집에 돌아오면 저희 어머니가 그러십니다.

"그렇게 방황하고 다니기에는 머리와 시간이 아깝다. 지금이라도 공부하면 앞날에 얼마든지 쓰임을 받을 수 있을 게다" 자꾸 쏘다니기만 하는 저를 붙들고 안타까워 하셨습니다.

그래서 다시 공부하기로 마음 먹고 고등학교 야간부에 입학을 했습니다. 그런데 마음 잡고 공부하려고 교실에 앉아 있으면 무전여행 다닐 때의 여러 가지 일들이 자꾸 떠오릅니다. 김삿갓처럼 방황하던 체질이 되다 보니 책상에 앉아있는 자체가 견디기 힘든 일이었습니다.

억지로 참고 한 두어 달 하다가 다시 또 나갔습니다. 그렇게 6개월 정도 돌아다니다 들어오기를 네 번이나 되풀이했습니다. 그러다가 소록도까지 가게 되었습니다. 그 곳에서 나병환자들을 보았습니다. 코가 문드러지고, 손가락이 떨어지고, 한쪽 눈이 먼 사람들이 생존 의욕을 가지고 악착같이 살아가는 것을 보고 감명을 받았습니다. '이 사람들은 망가진 몸으로도 저렇게 열심히 사는데 몇 살 되지도 않은 나이에 내가 무슨 김삿갓이라고 이렇게 인생을 낭비하고 있는가' 하는 생각이 들었습니다.

의사가 되어 이 곳에서 이 사람들과 같이하는 삶을 살아야겠다는 다짐을 하고 집으로 돌아왔습니다. 그런데 막상 공부를 하려고 하니 마음이 붕 떠 있어서 공부가 되지 않았습니다. 그래서 공부하는 습관을 들이려고 대낮에도 담요로 방문을 막아 깜깜하게 해 놓고 촛불을 켜고 정자세로 앉았습니다. 그리고 소설을 20권 정도 빌려다가 읽기 시작했습니다. 소설 몇 권을 계속 읽고나니 앉아 있는 버릇이 생겼습니다. 그때부터 본격적으로 공부를 시작했습니다. 그래서 16개월 열심히 공부하여 대학에 들어갈 수 있었습니다.

지금 돌이켜보면 그렇게 비정규적인 교육을 받았던 것이 저에게는 오히려 좋은 경험이 되었던 것 같습니다. 서울대 철학과에 지원을 했는데 합격선에서 12~13점이 남았습니다. 충분히 안정권 안에 든 셈이지요. 그런데 막상 서울대 철학과에 가려고 생각을 해보니 집에서 뒷받침해 주기도 어려운 사정이어서 아르바이트를 하며 대학에 다녀야 할 형편이었습니다.

대구에 있는 지방대학에 가면 장학금 받으면서 공부할 수 있으리라 생각했습니다. 고등학교 때는 제대로 공부도 안하고 떠돌이 생활을 했지만 대학교에 가서는 제대로 공부해 보기로 마음을 먹었습니다. 그래서 대구에 있는 계명대학이라는 조그만 대학에 들어갔습니다. 공부 분위기도 안되어 있고 동급생들 대부분이 재수 준비를 하고 있었습니다. 강의 들으면서 서랍에는 대학 입시책을 놓고 재수 준비를 합니다.

그때 저도 한참 고민을 많이 했습니다. 그러다가 '재수하는데 투자하는 노력으로 대학시절을 제대로 한번 보내보자' 그렇게 마음을 잡고 아주 열심히 공부를 했습니다. 그래서 지금도 저는 대학생들이나 청년들을 만나면 어떤 대학을 나오느냐가 중요한 것이 아니라 어떻게 대학시절을 보내느냐가 중요하다고 말합니다.

저는 대학을 1966년에 졸업을 했습니다. 당시 한국 땅에서 대학을 졸업한 사람 중에 남에게 뒤지지 않는다는 자부심이 있었습니다. 대학시절에 열심히 사색하고 공부하고 실력을 닦았다는 자부심 말입니다.

제가 지난번에 모교에 갔더니 그때 계시던 교수님들이 "김 목사 졸업한 지가 벌써 30년이 지났는데도 김 목사가 대학 다닐 때 세운 기록을 후배들이 아직도 못 깨고 있어. 김 목사가 전설적인 사람이지"하고 여담을 하셨습니다. 어떤 대학이냐가 문제가 아니고, 주어진 순간을 최선을 다해서 전심전력으로 집중한다는 것이 참으로 중요하다고 생각합니다.

영적 상상력은 창조성을 낳는다

A학점 우등생은 좋은 점수를 따서 좋은 학교를 졸업할 수는 있습니다. 그러나 창조성이나 상상력을 키우기는 어렵습니다. 이 어려운 시대를 개척해 나가려면 기존 질서의 공식만을 고려하면서 그 자리에서만 머물러서는 미래를 열어 나갈 수 있는 창조력은 떨어집니다.

난세를 개척해 나가려면 공식 밖에 있는 개척정신과 창조성이 있어야 합니다. 안정된 울타리 안에서 공부 잘했다는 것이 개인적으로나 국가적으로나 얼마나 큰 도움이 되겠습니까? 기존 체제에서 우등생이다 모범생이다 하는 사람들은 창조적인 사람들이 닦아놓은 틀을 잘 지키는 역할을 해야 합니다. 그 사람들이 난세에 최고의 지도자로 활동하는 것은 국가적인 손실이 될 수 있습니다.

앞 머리에 개척정신과 창조성을 강조한 이유는 제가 신앙생활을 해서 성령 받고 은혜를 받아서 제일 좋았던 부분이 영적 상상력이기 때문입니다. 말씀을 읽고 깨닫고 감격의 눈물을 흘리기 전에는 영감이나 아이디어, 창조성이 그다지 풍부하지 못했습니다. 그런데 말씀을 읽으면서 은혜 받고 밤새워 울면서 주님 찬양을 했습니다. 그 후에는 이전에 생각하지 못했던 것들이 생각나고, 꿈꾸지 못했던 것들을 꿈꾸게 되었습니다.

은혜 받고, 복 받고, 사업 잘되고, 병 낫고, 그런 수준에서 성령의 역사를 생각할 것이 아니라, 보통 사람이 생각할 수 없는 것을 생각하고 창조할 수 있는 영적인 지혜가 열립니다. 일반 사람들은 꿈꾸지 못하는 미래를 볼 수 있는 영의 눈이 열리게 됩니다. 저는 기독교 신앙에서 이런 접근방식이 대단히 중요하다고 생각합니다.

> "하나님이 가라사대 **우리의 형상을 따라 우리의 모양대로 우리가 사람을 만들고** 그로 바다의 고기와 공중의 새와 육축과 온 땅과 땅에 기는 모든 것을 다스리게 하자 하시고 하나님이 자기 형상 곧 **하나님의 형상대로 사람을 창조하시되** 남자와 여자를 창조하시고 하나님이 그들에게 복을 주시며 그들에게 이르시되 생육하고 번성하여 땅에 충만하라 땅을 정복하라 바다의 고기와 공중의 새와 땅에 움직이는 모든 생물을 다스리라 하시니라" (창 1:26~28)

하나님이 사람을 창조하신 내용입니다. 보통 어떤 물건을 만들 때 원본을 가지고 만듭니다. 사람을 만들 때 원본이 무엇이었습니까? 말씀에 보면 '우리의 형상을 따라' 우리가 사람을 만들었다고 나옵니다. 우리의 형상을 하나님의 형상이라 합니다. 라틴어로는 하나님의 형상을 '이마고 데이(Imago Dei)' 라고 합니다. 하나님의 형상을 원본으로 해서 만든 것이 사람이라는 말입니다.

초등학생이나 중학생만 돼도 자녀들이 부모에게 묻습니다.

"하나님이 사람을 만드실 때에 하나님의 형상대로 지었으면 하나님이 남자예요, 여자예요?"라고 묻습니다. 재미있는 질문입니다.

하나님이 사람을 자기 형상대로 지었는데, 사람이 남자와 여자로 되어 있으므로 하나님이 어느 쪽인지 의문이 생긴다는 말입니다. 자녀들이 이해할 수 있도록 설명을 해야 하는데 말문이 막힙니다.

"따지긴 뭘 따져. 너는 무조건 믿으면 돼."

따지지 말고 무조건 믿으라고 말합니다. 그래서는 안됩니다. 기독교 신앙은 수많은 비판 속에서 걸러지면서 발전한 고등종교입니다. 논리와 설득력이 뒷받침되는 종교입니다.

성부, 성자, 성령의 공동체

'하나님 형상'의 본질은 기본적으로 네 가지입니다.

첫 번째는 보이는 세상을 창조하신 하나님은 영의 하나님입니다. 영의 하나님은 눈에 보이는 물질적인 하나님이 아니라 눈에 보이지 않는 근본인 영의 하나님입니다. 우리의 눈이나 지능으로 하나님을 보려고 해서는 안됩니다. 볼 수가 없습니다.

영의 하나님은 영적인 눈으로 보는 것이지 육안으로는 볼 수 없습니다. 아주 특별한 경우에 하나님이 눈에 보이게 계시하는 경우가 있습니다. 그건 특별한 경우입니다. 하나님은 영이므로 영으로만 우리가 체험하고 알 수 있습니다.

두 번째는 '우리의 형상을 따라'에서 '우리'라는 말 자체가 성부 하나님, 성자 하나님, 성령 하나님으로 하나님의 공동체적 존재 방식을 나타내고 있습니다.

하나님은 한 분이지만 성부, 성자, 성령의 공동체로 존재합니다. 하나님의 형상을 이어받은 우리들도 혼자 잘 믿고 혼자 천국 가는 것이 아니고 가족, 부부, 형제, 자매 공동체로써 함께 예수 믿다가 함께 천국 가는 것입니다. 신앙생활은 혼자 하는 것이 아니라 더불어 하는 겁니다.

그래서 교구와 구역예배가 중요합니다. 우리 교회 구역장 한 분이 저에게 "목사님, 우리 구역에 새로 온 젊은 부부가 있는데 구역 모임에 초대하려고 했더니 짜증을 내면서 차라리 교회에 나오지 않겠다고 합니다. 어떻게 하면 좋을까요?" 하고 물었습니다.

자기 부부만 잘 믿고 천국 가겠다는 태도는 진정한 의미의 신앙이 아닙니다. 서로 좀 불편한 점이 있더라도 구역이 모여서 합심 기도하고 찬양하고 말씀을 가까이 하는 것이 공동체적 신앙의 근본입니다.

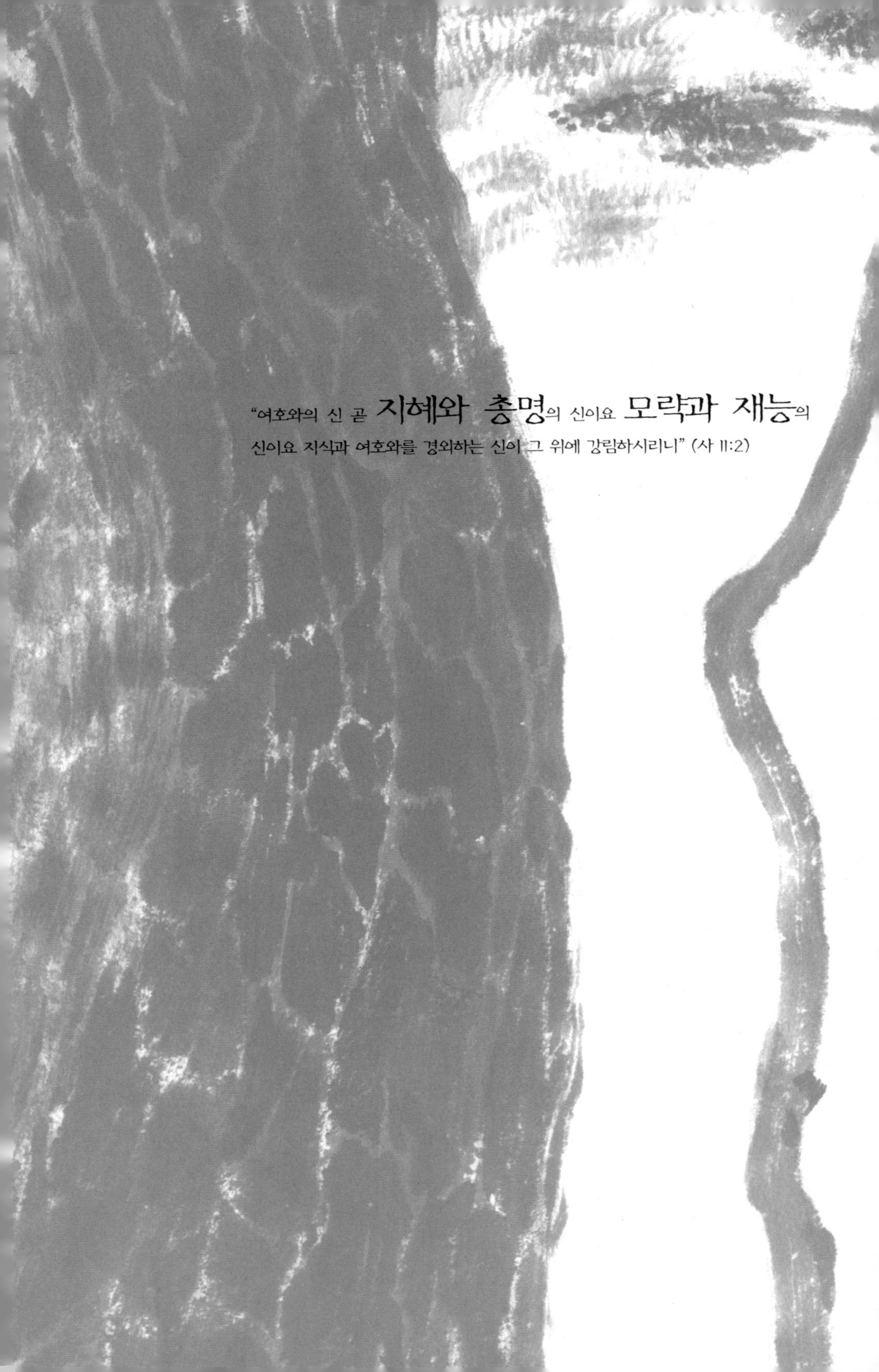

"여호와의 신 곧 **지혜와 총명**의 신이요 **모략과 재능**의 신이요 지식과 여호와를 경외하는 신이 그 위에 강림하시리니" (사 11:2)

더구나 교회가 커질수록 성도들간의 교제가 어렵지 않습니까? 그나마 성도의 교제가 비교적 쉽게 이루어질 수 있는 곳이 구역과 여러 선교 기관입니다. 청년회, 여전도회, 남전도회 등 반드시 그 구역과 기관에 속해서 활동을 활발히 할 의무가 있는 겁니다.

선교 기관 중 한 군데에 속해서 구성원으로서 보조를 맞추어야 합니다. 공동체로 존재하시는 하나님의 본성을 따라야 우리 신앙도 공동체 신앙을 이어나갈 수 있습니다.

세 번째로 하나님의 형상이 중요합니다. 레티 러셀(Letty M. Russel, 예일대학 교수)이라는 세계적으로 유명한 여성 신학자가 있습니다. 그녀는 하나님의 형상을 두 가지로 해석했습니다.

이 두 가지가 세 번째와 네 번째의 내용입니다. 세 번째 '하나님의 형상'은 사랑할 수 있는 능력입니다. 하나님과 멀어지면 미움과 다툼이 생겨나고, 성령님이 내 안에 임재하면 사랑의 사람으로 바뀝니다. 하나님의 형상이 사랑이기 때문입니다.

지금 자신이 영적인지 아닌지 알 수 있는 기준이 될 수 있습니다. 뭔가 두렵고 불안할 때는 영적인 상태가 아닙니다. 하나님과 멀어져 있는 것입니다. 마음이 든든하고 주위의 사람들에게 사랑으로 대하고 자기 안에 사랑이 넘쳐날 때는 하나님과 가깝고 성령이 내 안에 임재한다는 증거입니다.

'성령 충만'은 바로 '사랑 충만'입니다. 성령이 떠나 있을 때는 '염려 충만', '불안 충만'입니다. 내 믿음을 스스로 측정해 볼 수 있는 겁니다.

목회를 오래 하다 보면 새로 온 교인들의 얼굴을 보고 영적인 상태를 짐작할 수 있습니다. 그분들에게 직접 말을 할 수는 없지만 기도할 때 거기에 맞추어서 기도를 합니다.

그 사람의 얼굴에서 뿜어져 나오는 영적 상태가 있습니다. 불안과 긴장상태에 있는지, 그렇지 않은지 알 수 있습니다. 우리는 자신의 영적 수준 상태를 자기 얼굴과 몸과 마음으로 표현하면서 살아갑니다.

심방을 가서 찬송 한두 장 부르면서 마음을 가라앉히고 묵상을 하면, 그 가정이 지니는 영적 문제나 갈등을 느낄 수 있습니다. 그래서 그런 영적 상태에 맞추어 본문을 찾아 읽고 권면하는 겁니다. 이렇게 그 영적 상태가 진단되는 겁니다. 하나님의 형상은 사랑할 수 있는 능력이기 때문에 내가 지금 사랑이 넘친다는 것 자체가 하나님을 가까이 모시는 증거가 됩니다.

네 번째 '하나님의 형상'은 창조하는 능력입니다. 성령 받고 은혜가 깊어지면 깊어질수록 그 인격이 창조적으로 됩니다. 이런 사람들이 많아질수록 그 사회가 발전할 수 있습니다. 아이디어가 넘치고 상상력이 풍부해지고 어떤 난국이라도 돌파할 수 있는 영적인 창조성을 발휘할 수 있어야 합니다.

지금까지는 성령 충만, 은혜 충만을 교회 안으로만 끌어들여 예배당 잘 섬기고 헌금 잘 내고 목사님께 순종 잘 하는 이러한 태도를 일등 신앙으로 생각했습니다.

그러나 성경에서 말하는 신앙은 여러 가지 현실적인 난국을 긍정적이고 창조력 넘치는 사랑의 에너지를 가지고 극복해 나가는 태도를 말합니다. 이것이 영적인 기준입니다.

"태초에 하나님이 천지를 창조하시니라 땅이 혼돈하고 공허하며 흑암이 깊음

위에 있고 하나님의 **신은 수면에 운행하시니라**" (창 1:1~2)

코스모스와 카오스

'땅이 혼돈하고' 는 무질서를 말합니다. '공허하며' 는 텅텅 비어 있는 겁니다. 허무입니다. 절망적인 어둠이 있는 그 곳에 하나님의 신, 성령이 운행하십니다. 운행한다는 말은 어떤 행동을 취함을 의미합니다. 성령님이 액션(action), 창조활동을 하시는 겁니다. 성령님이 하신 활동이 바로 창조행위입니다.

뒤죽박죽 무질서한 것에 질서를 부여한 것입니다. 그래서 영어 단어 '코스모스' (cosmos)는 질서와 우주를 뜻합니다. 하나님의 말씀이 들어가서 '무질서' (chaos)가 '질서' (cosmos)로 바뀝니다.

예를 들어 소위 콩가루 집안이라고 할 만한 가정이 있다고 합시다. 아버지는 외도하고 어머니는 춤추러 다니고 아들은 오토바이 폭주족에 딸은 원조교제하는 엉망인 집안이 있습니다. 그런데 그 가정에 말씀이 들어가 코스모스가 생기면 아버지, 어머니가 제자리로 돌아오고 아들도 딸도 모두 제자리로 돌아옵니다. 이것이 바로 창조의 역사입니다.

사회가 혼란하고 뒤죽박죽일 때에 말씀의 종들이 들어가서 소금과 빛의 역할을 할 때 창조의 역사는 계속될 수 있습니다.

창조의 역사는 창세기 1장에서 끝난 것이 아니라 지금도 진행 중입니다. 창세기 1장에서는 하나님이 직접 창조하셨는데, 지금은 하나님의 자녀들인 우리들을 통해서 하나님의 창조역사가 이

루어집니다. 우리가 바로 하나님의 창조역사를 대행하는 대리인입니다. 하나님에게 쓰임받는 창조적인 일꾼들입니다. 이 말을 가만히 생각해 보면 심각하고 명예롭고 중요한 겁니다.

허무에 빠져 술이나 먹고 마약에 중독되어 있던 사람들이 하나님의 말씀으로 은혜 받고 나면 창조적이고 유능한 사람으로 바뀝니다. 하나님의 말씀으로 생명을 얻기 전에는 눈동자가 풀려 있고 퇴폐적인 사람이 말씀의 창조역사가 심령에 임할 때 완전히 다른 사람으로 새로 태어납니다.

그러니까 우리가 자녀를 키울 때, "이놈아 왜 그 따위 짓 하고 다니냐" 나무랄 것이 아니라 "니 농땡이 치느라고 욕본다. 그래 얼마나 힘드냐"라고 말해 줍니다.

소위 '문제아'는 자신의 고통과 싸우느라 문제아가 되는 겁니다. 자기 정신세계가 무질서하기 때문에 자신과 싸우느라고 그것이 외부로 나타날 때 문제아가 됩니다. 나무라고 손가락질하면 안됩니다. 그 아이의 고통과 아픔을 이해하고 마주 앉아서 기도하면서, 어머니와 형제들의 눈물이 그 심령에 닿아 일깨워지는 것입니다. 가정예배 드릴 때 그 영혼이 말씀을 받아 들일 때, '허무 충만'이 '은혜 충만'으로 바뀝니다.

이 얼마나 큰 사업입니까? '성령님이 지금도 우리들을 통해서 창조역사를 계속하고 계시는구나'라는 사실을 체험하게 됩니다. 두레교회에서 그런 창조의 역사가 계속 이어지기를 바랍니다.

> "너희 마음에 **그리스도를 주로 삼아 거룩하게 하고** 너희 속에 있는 소망에 관한 이유를 묻는 자에게는 대답할 것을 항상 예비하되 온유와 두려움으로 하고" (벧전 3:15)

앞을 바라 보는 신앙

창조 역사는 예수님을 구주로 영접하고 성령 안에서 하나님의 자녀로 거듭날 때 비로소 시작됩니다. 예수님을 모시고 나면 육신에 살던 사람과는 전혀 다른 사람이 됩니다. 거룩해집니다. 거룩해지고 소망이 생깁니다. 낙심하던 사람, 절망하던 사람, 한숨 쉬던 그 영혼에 소망이 들어갑니다.

소망과 희망은 비슷한 말인데 뜻이 약간 다릅니다. 소망은 희망과 무엇이 다릅니까? 소망은 목표가 분명한 희망을 말합니다. 거듭난 성도(born-again Christian)들은 희망이라는 말을 쓰지 않습니다. 소망이라는 말을 씁니다.

'하늘나라' 라는 소망은 목표가 분명하지 않습니까? 땅에서도 성령 충만한 삶의 목표가 분명하므로 희망이라고 부르지 않고 소망이라고 합니다. 예수님을 주인으로 모시고 성령님이 함께 하시면 절망하던 사람, 한숨 쉬던 사람에게도 소망이 생깁니다. 소망이 생기면 삶이 달라집니다.

달라진 삶을 보고 주위 사람들이 묻습니다. "자네는 어떻게 사람이 그렇게 달라질 수 있었는가?" 그러면 우리 성도들은 "아, 예수님 모시고 나니까 달라졌습니다" 그렇게 대답할 준비를 해야 합니다.

우리들에게 "소망이 어디서 생겼는가" 물을 때, 그 대답을 교회에서는 '선교' 라고 말합니다. 내가 예수님을 모셨기 때문에 얻어지는 소망, 그 소망은 입을 다물고 있어도 주위 사람들이 알 수 있

습니다. 우리의 심령 안에 있는 소망을 느낄 수 있기 때문입니다.

예수님을 모신 후에 나와 내 가정이 달라졌다고 간증하고 전하게 됩니다. 선교는 아무나 하는 것이 아니라 준비된 사람만이 할 수 있습니다. 준비라는 것은 진실로 예수님을 주인으로 모셨다는 확증입니다. 그것이 준비된 것이 아니겠습니까?

예수님으로 인하여 우리가 거룩해지고 우리 심령에 소망이 생깁니다. 두레교회는 '어떻게 소망이 넘치는가?' 라고 물을 때에 주저없이 말할 수 있는 준비된 교회, 준비된 성도들이 될 수 있기를 바랍니다.

베드로전서 3장 15절 말씀을 따라서 예수님을 주인으로 모시는 공동체에 소망이 생겼을 때 그 소망을 증거하는 선교사역을 열심히 해나가야 합니다. 성령이 우리에게 임하면 우리의 심령 안에 변화가 일어납니다. 소망의 사람이 되고 거룩하게 변화된 삶을 추구하게 됩니다.

이 변화를 이사야서 11장에 비유적으로 잘 표현하고 있습니다. 우리가 은혜생활을 하고 영적으로 깊어지면 이런 것을 체험할 수 있습니다. 이사야서 11장은 영감과 상상력이 넘치는 장입니다.

> **"이새의 줄기에서 한 싹이 나며** 그 뿌리에서 한 가지가 나서 결실할 것이요"
> (사 11:1)

나폴레옹 장군이 한 가지 명언을 했습니다. "인류의 미래가 인간의 상상력과 비전에 달려 있다"고 했습니다.

성령 받은 사람에게 영적 상상력이 있습니다. 상상력을 말할 때 문학적 상상력, 시적 상상력, 예술적 상상력 등 여러 가지가 있지만 진정한 상상력은 은혜 받은 사람의 영적 상상력입니다.

성령 받은 사람들이 가지는 성령의 영적 상상력은 타의 추종을 불허합니다. 영적 상상력에 깊어질 수 있도록 경건의 훈련을 쌓고, 성전이 된 우리 몸과 마음을 잘 갈고 닦아야 합니다. 그래서 다니엘 같은 지혜, 요셉 같은 총명, 느헤미야처럼 투철한 의식이 오랜 세월 동안 경건의 훈련 속에서 영적 상상력이 넘치면서 자라는 겁니다.

대표적인 경우가 이사야 11장 말씀입니다. '이새의 줄기에서 한 싹이 나며' 그 싹은 누구를 예언하는 것이겠습니까? 망한 이스라엘의 역사 속에서 다윗 왕가에 새로운 싹이 난다고 합니다. 오실 '메시아' 그리스도를 말합니다. 싹이 나며 땅에 뿌리가 내립니다. 땅 위로는 가지가 뻗고 나중에는 열매가 맺습니다. 그런데 우리는 초신자 때부터 단번에 은혜 받고 성급하게 열매부터 찾기 때문에 영적으로 성장하기 어렵습니다. 싹이 나고 뿌리를 내리고 가지 뻗고 열매를 맺는 영적 성장의 과정이 있어야 합니다.

> "여호와의 신 곧 **지혜와 총명**의 신이요 **모략과 재능**의 신이
> 요 지식과 여호와를 경외하는 신이 그 위에 강림하시리니"
> (사 11:2)

여호의 신은 성령인데 지혜와 총명의 성령입니다. 지혜는 성령의 감동으로 주어지는 하나님의 뜻을 말합니다. 동양식으로 말하자면 천기누설(天機漏洩)이라고 하겠습니다. 하늘의 뜻, 천기를 누

설하는 것이 지혜입니다.

'총명'은 세상적인 판단력을 말합니다. 하늘의 뜻에 대한 분별력과 세상적인 판단력을 가져야 합니다. '모략'은 여러 사람이 모여서 합심 기도한 후에 토론을 통해서 결론을 내리는 것을 말합니다.

어떤 회사가 성장하려면 직원들 모두가 모략을 잘 해야 합니다. 성령님께서 사용하시는 교회가 되려면 자주 모여서 기도하고 토론해야 합니다. 토론문화가 활발할 때에 성령님이 사용하는 모략이 임합니다. 당회나 목회자 개인의 생각으로 교회를 이끌어갈 것이 아니라 전 교인이 성령 안에서 창조력과 상상력으로 성장하는 교회를 이루어 나가야 합니다. 모략 다음에는 재능입니다. 재능은 각 개인에게 임하는 은사와 능력입니다. 개인의 능력과 공동체를 통해서 얻어지는 결론이 합쳐져야 역사가 이루어집니다.

두레 교우들 위에, 두레공동체 위에 이러한 성령의 역사와 지혜와 총명, 모략과 재능의 성령이 임하셔서 어떤 역경도 돌파할 수 있는 추진력과 실천력이 날로 자라는 거룩한 공동체, 창조적인 공동체가 되어야 합니다.

주님 은혜를 감사드립니다. 우리가 성령 안에서 즐거운 시간을 보내며 성령 받은 사람이 누리는 창조정신에 대해 함께 생각했습니다. 성령님 각 사람속에 지혜의 신으로 임하시고 총명의 능력으로 임하시길 바랍니다.

모략의 성령으로 역사하여 주시고 재능의 성령님이 각 심령속에 임하시옵소서. 두레교회가 지혜와 총명, 모략과 재능이 넘쳐 이 어려운 시기에 사막 한 가운데의 오아시스 같은 생명의 역사를 일으키는 창조적인 공동체를 이끌어 주시옵소서. 예수님 이름 받들어 기도드렸사옵나이다.

8. 대안 공동체

The Spirit and Vision of the Doorae Community

"믿는 사람이 다 함께 있어 모든

물건을 서로 통용하고 또 재산과

소유를 팔아 각 사람의 필요를

따라 나눠 주고" (행 2:44~45)

대안공동체

창세기 1장 26절 말씀에서 하나님의 형상 '이마고 데이'(Imago Dei)중에는 하나님의 공동체적인 존재 방식이 들어 있다고 말씀드렸습니다.

하나님은 공동체로서 존재하기 때문에 하나님의 성령을 따라 사는 우리들에게는 공동체 신앙이 영적인 신앙이고 우리를 인간답게 하고 보람있게 하는 신앙이라는 것도 말씀드렸습니다.

성경 66권 속에 일관되게 흐르는 신학적 흐름이 공동체 신앙입니다. 공동체 신앙에 대해 핵심을 짚어 말한 부분이 시편 133편입니다. 성경 전체 중에서 공동체 신앙에 대해서 본질적으로 가장 간략하게 말씀하고 있는 부분이 시편 133편입니다.

"형제가 연합하여 동거함이 어찌 그리 선하고 아름다운고 머리에 있는 **보배로운 기름**이 수염 곧 아론의 수염에 흘러서

그 옷깃까지 내림 같고" (시 133:1~2)

　본문은 시로 되어 있습니다. 형제가 공동체를 이루어 더불어 살아가는 것이 얼마나 선하고 아름다운지 시로 쓴 감탄문입니다. 이스라엘 사람들은 지금도 특별히 남성적인 아름다움을 표현할 때에는 아론의 수염에 비유합니다.

　그 나라는 날씨가 덥고 건조하기 때문에 부패하기 쉽고 냄새가 많이 납니다. 그래서 귀한 손님이 오면 그 손님에게서 나는 냄새를 없애주기 위해서 귀한 향수를 뿌려줍니다. 잘 변질되는 나라이기 때문에 특히 기름을 많이 씁니다. 귀한 손님이 왔을 때 머리에 향수를 병째로 부으면 향수가 수염을 타고 내려오면서 향기를 뿜게 됩니다. 그래서 공동체의 아름다움을 아론의 수염에 흐르는 보배로운 기름으로 비유하고 있습니다

"헐몬의 이슬이 시온의 산들에 내림 같도다 거기서 여호와께서 복을 명하셨나니 곧 영생이로다" (시 133:3)

공동체 신앙의 정립

　공동체의 목표는 지상의 공동체가 아닙니다. 공동체의 최종적인 목표는 영생공동체, 성령공동체입니다. 공산주의도 공동체운동으로 시작했습니다.

　공동체를 프랑스어로 '꼬뮨'(commune)이라고 하는데 공산주의는 '커뮤니즘'(communism)입니다. 공동체주의가 공산주의로 바뀌었습니다. 그런데 공산주의가 범한 한 가지 오류가 있습니다. 공동체는 본질적으로 영생공동체일 때만 성공하도록 되어 있습니다. 왜냐하면 공동체로서 존재하는 하나님의 형상을 이어받아서 영적인 바탕 위에서 영생을 바라보며 나가는 공동체라야 개인의 이기심과

집착을 극복하고 은혜로운 공동체를 만들 수 있기 때문입니다. 그럼에도 불구하고 공산주의의 비극은 처음부터 목표를 잘못 설정한 데 있습니다. 하나님을 빼고 영적인 것을 빼고 인간들이 경제를 중심으로 공동체를 만들었기 때문에 처음부터 실패할 수밖에 없었습니다.

공동체의 참 핵심은 영생에까지 함께 이르는 영생공동체를 말합니다. 신앙공동체인 두레교회 공동체는 지금 모인 모든 가족들 중에 한 사람도 탈락되지 않고 함께 갈 수 있는 그런 공동체가 되기를 바랍니다.

"오순절날이 이미 이르매 저희가 다같이 한 곳에 모였더니"
(행 2:1)

그 영생공동체가 드디어 예수님 때에 가서 나타났습니다. 교회의 시작이 사도행전 2장에 나옵니다. 사도행전 2장 1절의 오순절 본문이 교회의 생일입니다. 감람산에서 예수님의 승천을 보고 난 후 120명이 마가의 다락방에 모여 기도하면서 모임을 가졌습니다. 거기에 오순절이 이르자 성령이 임했습니다.

"홀연히 하늘로부터 급하고 강한 바람 같은 소리가 있어 저희 앉은 온 집에 가득하며 불의 혀 같이 갈라지는 것이 **저희에게 보여 각 사람 위에 임하여 있더니**" (행 2:2~3)

성령이 오순절날 임해서 교회가 시작되었습니다. 성령이 모여

있던 120명 전체 위에 임했습니다. 그 다음 각 사람 위에 임했습니다. 전체와 각 사람 이 두 가지를 다 겸해야 합니다. 예수님이 머리 되시는 두레교회 전체에 이미 성령님이 임재하심을 믿습니다. 그리고 성령에 대한 책임과 고백과 그 실천이 각 사람 위에 일어나야 합니다. 성령이 임하여 교회가 시작되고 그 결과로 영적 공동체가 탄생한 것입니다.

> "저희가 사도의 가르침을 받아 서로 교제하며 **떡을 떼며 기도하기를** 전혀 힘 쓰니라"(행 2:42)

말씀을 중심으로 예수님을 모시고 성도끼리 교제를 나눕니다. '떡을 떼며' 라는 말이 무슨 뜻입니까? 성만찬을 말합니다. 초대교회에서는 모일 때마다 예수님의 살과 피를 상징하는 성만찬을 나누었습니다.

> '믿는 **사람이 다 함께 있어 모든 물건을 서로 통용하고** 또 재산과 소유를 팔 아 각 사람의 **필요를 따라 나눠 주고**" (행 2:44~45)

'믿는 사람이 다 함께 있어 모든 물건을 서로 통용하고' 영적으로 충만해져서 내 것, 네 것 구별이 없어집니다. 예수님 것만 있고 우리 것만 있고 개인의 것을 초월합니다. '재산과 소유를 팔아 각 사람의 필요를 따라 나눠 주고' 이때 이후로 모든 공동체 운동, 사회주의 운동 원칙 제 1조가 바로 이것입니다. '능력에 따라 일하고 필요에 따라 쓴다.' 두레마을도 이 원칙입니다.

그런데 실제로 제가 해보니 잘 안됐습니다. 사도행전 2장의 공동체는 잘 운영되었는데, 같은 정신으로 하겠다고 시작한 두레마을은 왜 잘 안되었을까요? 제가 한 10년 정도 겪고 나서야 비로소 깨달았습니다.

제가 항상 박자가 늦습니다. 한참 지난 후에야 깨닫습니다. 그래서 제 별명이 형광등인 모양입니다. 사도행전 2장에 나타난 공동체는 성령 충만한 사람들이 모였으므로 잘 운영되었습니다. 그러나 두레마을은 김진홍 목사 자신이 성령 충만하지 못하고 또 비슷한 사람들이 모였으니 잘 안되는 게 당연하다고 생각됩니다.

잘 안되는데 전부 불러 그만 해산할까 하는 생각이 들었습니다. 그래도 자고 일어나면 '그런 게 아니지' 생각을 바꾸었습니다. 공동체라는 것은 시대의 요구이고 성령님이 기뻐하시는 일인데, 해산할 게 아니라 제대로 해야 되지 않겠습니까? 제대로 하기 위해서는 영적인 기초가 확실해야 합니다.

어떤 경우에도 교회는 영적이라야 합니다. 교회는 신령해야 합니다. 교회는 기도가 뜨거워야 하고 말씀이 깊이 들어가야 합니다. 예수님께 철저히 의지해야 합니다. 민주화운동, 통일운동, 인권운동, 구제봉사 등 여러 가지 일이 있지만 교회는 기본적으로는 신령한 은혜를 사모해야 합니다. 뜨겁게 받은 은혜를 실천하는 공동체도 하고, 구제도 하고, 장학사업도 해야 합니다. 근본은 성령님의 은혜이고 이것을 바탕으로 여러 가지 사업이 나올 수 있습니다.

> '날마다 마음을 같이 하여 성전에 모이기를 힘쓰고 집에서 떡을 떼며 기쁨과 순전한 마음으로 음식을 먹고 하나님을 찬미하며 또 온 백성에게 칭송을 받으니 **주께서 구원 받는 사람을 날마다 더하게** 하시니라"(행 2:46~47)

저는 이 말씀을 읽을 때마다 교회에 모인 우리들끼리만 은혜를 받고 '좋다, 좋다' 해서는 안된다는 생각이 듭니다. 우리끼리 의리 지키고 절친한 것은 당연한 일입니다. 참다운 교회가 되려면 예배당 밖에 있는 다른 사람들에게 칭찬 받는 교회가 되어야 합니다. 예루살렘 교회는 그랬습니다. 정말 형제와 같은 사랑으로 서로 위로하고 하나님을 찬미했습니다. 온 백성에게 칭송을 들었습니다.

대한민국 사람 모두가 두레교회를 인정할 정도가 되어야 합니다. 온 국민에게 칭찬 듣는 교회가 바로 하나님이 기뻐하시는 교회입니다.

그 결과로 초대교회는 날마다 구원 받는 사람이 더해졌다고 기록하고 있습니다. 교회에서 구원의 역사, 생명이 거듭나는 역사가 계속 일어나야 합니다. 그런 은혜로운 성령공동체, 두레교회를 함께 이루어 갈 수 있기를 바랍니다.

위와 같은 성령공동체가 우리 시대의 대안입니다. 두레교회에서 제일 많이 쓰는 말 중 하나가 대안입니다. 예를 들어 경제가 잘 안 풀린다는 말은 할 수 있는데 대안을 제시하기는 어렵습니다. 학교에서는 교실붕괴 현상으로 중고등학교가 엉망이라고 말만 합니다. 말로 끝날 게 아니라 대안을 찾아야 합니다.

성경은 대안을 주는 책입니다. 영혼이 구원 받고 천국 가는 것으로 끝나는 책이 아닙니다. 정치나 교육이나 이 세상살이에 대안을 주는 책입니다. 확고한 경륜을 체득해서 이 사회에 대안을 줄 수 있는 신앙이 될 때 하나님이 사용하시는 교회가 됩니다.

시대의 대안 '성령공동체'

우리가 대안공동체를 생각해 볼 때 성경에 나오는 세 가지 사건을 살펴 볼 필요가 있습니다. 첫째는 출애굽기에 나타난 모세의 대안 공동체입니다. 이 부분에 대해서는 우리 교우님들이 온 몸으로 깨달아야 합니다. 온 몸으로 아는 것을 '체득' 한다고 말합니다. 체득이 중요합니다.

> "이제 내가 너를 바로에게 보내어 너로 내 백성 이스라엘 자
> 손을 애굽에서 인도하여 내게 하리라" (출애굽기 3:10)

하나님이 나이 여든이 된, 노인 모세를 뽑아서 종살이에서 백성을 구해내라고 하셨습니다. 모세가 이 말씀에 순종하고 갔습니다. 모세가 종살이 하는 동족들에게 가서 "하나님이 나를 보내셨다"고 했습니다. 종살이하는 동족들을 구해내는 데 모세가 취할 수 있는 방법은 두 가지였습니다. 이것을 우리가 깊이 생각해야 됩니다.

첫째는 우리나라의 운동권에서 하는 방법입니다. 둘째는 보수적이고 예수 잘 믿는다는 사람들이 하는 방법입니다. 그러나 이 두 가지 중 어느 것도 모세는 쓰지 않았습니다. 모세는 제 3의 길을 선택했습니다. 모세가 취한 방법은 대안이었습니다.

첫 번째 방법은 종살이하는 백성들에게 가서 '바로왕을 타도하자' 고 반체제운동을 하는 것입니다. 바로왕의 정권을 뒤집고 새로운 정부를 만드는 것입니다. 우리나라 운동권도 그렇게 했습니다. 저도 70년대에 10년 정도 그 뒤를 따라다녔습니다. 제대로 하지도 못하고 따라 다니다가 콩밥 먹고 매 맞고 그랬습니다.

그러던 중에 저는 감옥에서 성령 받고 '아! 이게 아니구나. 모세는 이렇게 한 게 아니구나' 라는 사실을 깨달았습니다. 내 주인 되

시는 예수님이, 군사정권 물러 가라고 투쟁하는 데 내 인생을 투자하라고 하신 것이 아님을 깨달을 수 있었습니다.

두 번째 방법은 백성들에게 가서 힘들고 억울해도 참고 순종하고 믿음으로 살자고 하는 태도입니다. 그러다가 죽은 후에 천국 가면 되지 않습니까? 땅에서 좀 고생하면 어떻습니까? 그런 입장입니다. 바로왕이 독재를 해도 우리와는 아무런 상관도 없다는 태도입니다. 독재를 하든 정치가 부패했든 우리는 신경 쓰지 말고 하늘의 은혜만 사모하자고 하는 것입니다.

이러한 종교적 태도를 카를 마르크스(Karl Heinrich, Marx, 1818~1883)는 '아편 종교'라고 했습니다. 가진 자들이 가지지 못한 사람들을 순종하도록 길들이려고 만들어 낸 이데올로기라는 것입니다. 지배계급이 피지배계급을 길들여서 주는 밥이나 먹고 일이나 하고 '아멘' 하다가 죽은 후에 천당가게 하기 위한 것이란 말입니다. 불행하게도 대부분의 보수주의 교회가 이런 태도에 빠져 있습니다. 세상은 부패해도 예배당 안에서 신령한 것만 꿈꾸면 된다는 식입니다.

그러면 모세는 어떻게 했습니까? 바로왕이 지배하는 애굽 땅에서는 어떤 종교, 어떤 정치가도 생각해 낼 수 없는 새로운 길, 곧 하늘에서 온 계시를 따랐습니다. 성령님이 깨우쳐 주시는 제 3의 길, 젖과 꿀이 흐르는 가나안 땅으로 백성들을 이끌었습니다.

가나안 땅은 바로왕의 애굽 밖에 있는 약속의 땅이었습니다. 성령께서 보여 주시는 제 3의 땅입니다. 이스라엘 사람들이 처음 들었을 때는 황당하였습니다. "우리가 지금 종살이 하는데 가나안 땅, 약속의 땅이라니 그게 무슨 소리냐"고 했습니다.

모세는 가나안 땅이 젖과 꿀이 넘치는 약속의 땅이라고 자꾸 강조해서 이스라엘 백성들을 의식화시켰습니다. 한마디로 백성들을 뭉치게 해서 해방공동체를 이룬 뒤 가나안 땅으로 이끌 수 있었습니다.

그러면 이 본문을 오늘 우리들에게 비추어 보겠습니다. 하나님의 말씀을 앞에 놓고 두레교회 교인들이 이 시대에 우리 국민들에게 보여 주어야 할 가나안 땅은 어디일까요? 젖과 꿀이 흐르는 약속의 땅은 어디일까요? 이것이 오늘날 우리들의 기도제목이 되어야 합니다.

제가 남양만에서 두레마을 하면서 교인들과 마을 사람들이 반대하는 데도 젖소 송아지 한 마리를 사다 먹이기 시작해서 60마리까지 키웠습니다. 송아지 한 마리를 낳을 때마다 벌통을 두 통 갖다 놓고 하다보니 벌통이 50여 통 되었습니다. 젖과 꿀이 매일 나왔습니다.

그래서 우리 교인들을 모아놓고 "젖과 꿀이 흐르는 가나안 땅이

'믿는 사람이 다 함께 있어 모든 물건을 서로 통용하고 또 재산과 소유를 팔아 각 사람의
필요를 따라 나눠 주고" (행 2:44~45)

성경 속에만 있는 것이 아니다. 우리 농장에서도 젖과 꿀이 흐르고 있다"고 말했습니다. 우리가 이것을 영적으로 받아들여서 이 한반도에 말씀의 젖과 은혜의 꿀이 흐르도록 도전해야 합니다. 그래야 하나님의 역사가 되지 '안된다, 망했다' 하고 자꾸 죽는 소리만 하면 어떻게 하나님이 도와주시겠습니까?

그래서 저는 두레마을 농장 한쪽에 '젖과 꿀이 흐르는 가나안 농장' 이라고 써 붙였습니다. 한 눈치 빠른 사람이 "가나안은 적당한 이름이 아닙니다"라고 하더군요. 이유를 물었더니 "거꾸로 읽어보십시오." '안나가' 가 되어 잘 안나갈 것이라고 말입니다. 그럼 '잘나가' 로 고치든지 해야겠다고 웃었습니다.

서울이나 구리시의 아스팔트 위에 젖소 먹이고 벌통 놓자는 게 아닙니다. 우리가 살아가는 삶의 현장에 신령한 젖과 은혜의 꿀이 흐르는 그런 약속의 땅을 바라보고 나가야 된다는 말입니다. 그러한 태도를 일컬어 대안공동체를 꿈꾼다고 말합니다.

세월이 흘러서 이스라엘 백성들이 가나안 땅에 들어간 후, 하나님의 은혜를 잊어버리기 시작했습니다. 하나님을 섬기지 않고 우상을 섬기고 죄를 짓고 사람들의 생활 태도가 엉망이 되었습니다.

그때 사무엘이라는 영적 지도자가 나타났습니다. 사무엘 선지자는 나라를 바로잡아 보려고 온갖 애를 다 썼습니다. 사무엘이 애를 쓴 것을 보면 눈물겹습니다. 하나님을 섬기는 백성이 되게 하려고 백발이 되도록 애썼는데도 제대로 안됐습니다.

> '라마로 돌아왔으니 이는 거기 자기 집이 있음이라 거기서도 이스라엘을 다
> 스렸으며 또 거기 여호와를 위하여 단을 쌓았더라" (삼상 7:17)

'라마 나욧' 공동체의 생명력

'라마' 는 두메산골로 사무엘의 고향입니다. 사무엘은 중앙무대에서 활동하다
가 잘 안되어 낙향했습니다. 고향 산골짜기에 제단을 쌓고 노후를 보냈습니다.
고향에서 손주나 보고 낚시나 하고 마누라한테 등이나 긁어 달라고 할 나이인데
그는 그렇지 않았습니다.

지금 두레교인들 중에 나이 예순이 넘은 분들은 사무엘의 정신을 가져야 합니
다. '아이고, 나는 늙었다. 내 시대는 이제 끝났다' 고 생각하는 것은 영적인 태도
가 아닙니다.

> "다윗이 도피하여 라마로 가서 사무엘에게로 나아가서 사울이 자기에게 행
> 한 일을 다 고하였고 **다윗과 사무엘이 나욧으로 가서** 거하였더라 혹이 사울
> 에게 고하여 가로되 **다윗이 라마 나욧에** 있더이다 하매" (삼상 19:18~19)

'나욧' 이라는 곳에 표시를 해두십시오. 아주 중요한 단어입니다. 재야세력인
다윗이 정권을 잡기 전 사울에게 쫓기다가 사무엘이 있는 라마로 피해 갔습니다.
사무엘이 자기를 찾아 온 다윗을 나욧에 들여 보냈습니다.

라마에 있는 나욧이라고 해서 '라마 나욧' 이라고 합니다. '라마' 는 동네 이름
이고 '나욧' 은 공동체입니다. 뜻있는 젊은이들을 모아 낮에는 노동하고 저녁에
는 기도합니다.

비가 오면 모여서 하나님의 말씀으로 민족의 활로를 어떻게 열어나갈 것인지
그 길을 모색하는 공동체가 '나욧' 입니다.

하나님의 말씀으로 이 백성을 어떻게 구하며, 나라의 나아갈 길을 어떻게 찾느냐를 고민하는 공동체였습니다. 다윗은 사무엘이 죽을 때까지 그 곳에 있다가 사무엘이 죽은 후 사울을 피해 아둘람 굴로 도망갔습니다.

> "그러므로 다윗이 그곳을 떠나 아둘람 굴로 도망하매 그 형제와 아비의 온 집이 듣고는 그리로 내려가서 그에게 이르렀고 환난 당한 모든 자와 빚진 자와 마음이 원통한 자가 다 그에게로 모였고 그는 그 장관이 되었는데 그와 함께한 자가 사백명 가량이었더라" (삼상 22:1~2)

사무엘이 죽자 다윗은 아둘람굴에 가서 자신이 우두머리가 되는 공동체를 세웠습니다. 실패한 자, 부도난 자, 쫓기는 자 등 사백여 명이 모였습니다. 그 곳에서 다윗은 사무엘의 '라마 나욧' 공동체에서 배운 대로 실천을 했습니다. 아둘람굴 공동체는 다윗왕의 정권이 탄생하는 기반이 되었습니다. 사무엘 밑의 나욧에서 배운대로 하여 그 4백 명이 다윗 왕국을 건설했습니다.

사무엘은 백발 노인이 된 후에 고향에 내려가서 안일하게 시간을 보낸 것이 아니었습니다. 뜻있는 젊은이들을 모아 낮에는 노동하고 저녁에는 합심기도를 했습니다. 시간이 나면 모여서 여호와의 계시의 말씀으로 어떻게 백성을 살릴 것인지 어떻게 민족의 활로를 찾을 것인지 모색하는 공동체를 일구었습니다. 거기에서 두 가지 역사가 일어났습니다.

첫째 사무엘의 '라마 나욧' 이 이스라엘 예언자 운동의 출발점이 된 것입니다. 이사야, 호세야, 예레미야, 하박국에서 세례요한까지 영적 지도자들이 그 전통 속에서 길러질 수 있었습니다.

둘째는 다윗을 중심으로 하는 정치세력이 일어났습니다. 그것을 '메시아 정치'(messianic politics)라고 합니다. 하나님의 말씀으로 성령의 이끄심으로 새로운 나라, 새로운 정치를 만들자는 것입니다. 사무엘의 라마 나욧에서 시작해서 다윗의 아둘람굴로 이어지고 이후 다윗왕국을 건설한 겁니다.

한쪽에서는 현실적이고 정치적인 지도자를 배출하고 또 다른 한편에서는 이스라엘 역사의 면면한 영적 지도자, 선지자 운동을 일으켰습니다. 선지자 운동을 일으키는 것은 땅 밑에 흐르는 지하수와 같고, 메시아 정치를 일으키는 다윗왕국의 건설 운동은 땅 위에 세워지는 지상 국가입니다. 지상 국가를 바로 세우기 위해서는 땅 밑으로 지하수가 흐르는 것처럼 영적 운동이 살아서 잘 흘러야 합니다.

두레교회는 성령공동체로서 정치하는 정당도 아니고 경쟁하는 사업체도 아닙니다. 어디까지나 성령님을 모시고 성령공동체, 영생공동체로서 은혜로 이 백성들을 바로 깨우치고 살리는 공동체의 중심이 되어야 하지 않겠습니까? 이러한 바탕 위에서 우리가 통일, 정치, 경제, 교육, 농촌 등 모든 부문에 걸쳐 말씀을 중심으로 하는 대안공동체를 꿈꿀 수 있습니다. 이것이 우리들의 기도제목이고 우리들의 비전이고 우리에게 주어진 사명입니다.

예수님이 부활 승천하신 후에 오순절 성령이 강림하여 교회가 시작되었습니다. 교회가 시작되자 그 결과로 성령공동체가 탄생할 수 있었습니다. 그 공동체의 역사가 2천 년 동안 이어져 왔습니다. 그 공동체 역사가 때로는 활발했다가 때로는 주춤했다가 세월과 더불어 흘러왔습니다.

21세기를 맞이하여 한국 땅에서는 두레공동체가 성령의 뜻을 받들어서, 성령님의 인도하심을 따라 대안공동체를 세워 나가는 일에 헌신하려고 합니다.

주님 은혜를 감사드립니다.

저희가 은혜 중에 땅 밑에 조용히 흐르는 지하수처럼 산허리를 지나가는 안개처럼 은혜가 우리 심령에 스며들게 됨을 감사드립니다. 그 은혜가 어느 날 땅 속에서 공중으로 치솟는 용암처럼 뿜어 올라가 세상을 변화시킬 수 있는 힘이 되게 하옵소서.

우리가 오직 예수님을 바라보며 기도와 뜻을 함께하고 꿈을 함께 꾸는 대안공동체를 이루게 하시옵소서. 두레교회 신앙과 비전으로 인하여 5천년 조국의 역사와 한국 교회의 역사가 새로워지는 일에 쓰임 받는 작은 시작이 되게 하옵소서.

예수님 이름 받들어 기도드렸사옵나이다.

2장

되돌아보는 두레공동체운동 30년

더불어 사는 공동체의 삶을 실천하는 김진홍 목사와

서강대학교 철학과 강영안 교수와의 대담을 통해

두레공동체운동 30년 회고와 앞으로 두레공동체가 펼치는

비전에 대해 들어본다.

❝요즘은 30년 해 왔던 일을 자체 평가하면서 불요불급한 것은 줄이고
꼭 해야 할 일만 할 수 있도록 정리하고 있는 중이지요
도랑 건너는 사람이 디딤돌을 놓으면서 건너가듯이 지난 30년 한 일들이
나에게는 모두 연결이 되어 있어요❞

"진정으로 예수님의 영이 거하면
변화가 일어납니다"

강영안 교수(이하 **강영안**) 목사님, 평안하셨습니까? 작년 11월 말 학회 때문에 오사카에 간 적이 있었습니다. 그 곳에서 와세다 대학의 김응교 교수를 만났는데 김 교수가 맡고 있는 한국문화 시간에 목사님께서 강의를 하셨다고 하더군요. 주자학(朱子學) 양명학(陽明學)에 관한 것이었다는 말을 듣고 조금 놀랐습니다. 원효의 화쟁(和爭) 사상이나 다산의 목민(牧民) 정신에 관해서 말씀하시는 것을 가끔 들은 적이 있지만 목사님께서 주자학과 양명학에 관심을 두고 계신 줄은 몰랐습니다. 그 강의가 영상으로 일본 각 대학에 동시에 방영되었다고 하더군요. 어떤 내용의 강의였습니까?

김진홍 목사(이하 **김진홍**) 저의 관심은 한국에서 주자학과 양명학이 어떻게 수용되고 발전되었는가 하는 것이 아니었지요. 저는 전문가가 아니라 아마추어이니까요. 제가 관심을 가졌던 것은 한국 기독교에 대한 반성입니다. 기독교가 처음 들어와서 1세기 동안은 주자학적인 분위기에 젖지 않았나 생각해요. 그런데 신앙의 세계도 아무래도 실사구시가 되어야 하는 것 아니겠어요? 저는 신앙의 생산성이라는 것을 많이 생각해요. 국리민복(國利民福)을 도모하는 신앙이어야 하는 거지요. 그러나 이게 목적이 되어서는 안됩니다. 우리 기독교의 참된 복음이 바로 전파됨으로써 국리민복을 이루는 데까지 확장이 되면 바람직하지 않을까 생각하는 거지요.

강영안 주자학도 거경(居敬) 궁리(窮理) 또는 궁리 실천을 강조합니다. 한편으로는 올 바른 이치를 탐구하고 또 한편으로는 그것을 삶 속에서 실천하는 것이지요. 그러나 우리 전통에서 주자학이 공리 공론에 빠졌다는 것이 일반적인 평가입니다.

김진홍 어느 종교나 마찬가지로 양쪽을 다 가지고 있겠지마는 어느 쪽이 더 강조되느냐 하는 것에 따라서 어떤 경향성이 만들어지지 않겠어요? 주자학적인 것은 아무래도 이론에 빠지기 쉽고 양명학적인 것은 실천적인 것에 강조가 있으니까...

강영안 그런데 크게 보면 주자학이나 양명학은 같은 거지요. 모두 유학 전통에 속하는 것이니까요. 다른 사상과 비교해 보면 이 둘은 가족 유사성을 가지고 있습니다. 같은 전통에 서 있으면서도 차이가 있다면 공부 방법에 차이가 있습니다. 그런데 한국 유학이 주자학적 성격이 강하다면 일본 유학은 양명학적인 경향이 훨씬 강하다고 하지 않습니까? 지금도 양명학에 관심을 가진 사람이 일본에 훨씬 더 많다는 얘길 들었습니다. 이런 것을 염두에 두고 강의를 하셨습니까?

김진홍 일본 사정은 잘 모르니까... 아무래도 일본 유학은 직접적으로 관여는 안되었더라도 일본 사회를 근대화하는 데 도구로 쓰임 받았던 것 같아요. 우리는 궁리 실천 가운데 너무 궁리 쪽에 빠지므로 실천 쪽이 약해진 거지요. 모처럼 양명학적인, 실학적인 운동이 일어났는데 대세를 이루지 못했기 때문에 국운을 살리는 데 기여를 하지 못한 게 아닐까, 그렇게 생각하지요. 전문적인 문제에 대해서 저는 아마추어이고 다만 기독교의 현재와 장래를 생각한 거지요.

한국 교회의 맹점 : 무리는 많이 있고, 제자가 없는 교회

강영안 기독교에도 주자학이나 양명학과 비슷한 경향이 있겠는데 목사님 생각은 한국 기독교가 '궁리'는 많이 해왔는데 '실천'에 약하다는 말씀이지요.

김진홍 그렇지요. 그러니까 '실천' 쪽을 더 강화해서 국민성을 바람직하게 개편하고 기독교의 본질적인 진리가 국가를 좀 바르게 이끌어 나가는데 원용이 되었으면 좋지 않을까 하는 거지요. 교회가 사실은 사람을 많이 길러 냈지요. 기독교 장로가 대통령이 되고, 총리나 장관직 등 각 요직에 기독교인들이 많이 포진했는 데도 불구하고 성경적인 원칙으로 현실을 바꾸어 나가는 데까지 미치지 못한 거지요. 개인을 논하기 전애 한국 개신교 전체의 흐름이나 경향성이 문제입니다.

강영안 각계 각층에서 많은 크리스천이 일하고 있음에도, 그 수에 비해 실제로 미치는 영향이 크지 않다는 말씀이군요. 국회만 하더라도 의원 146명이 크리스천이라 하지 않습니까? 거의 절반에 가까운 숫자인데 (김진홍: "기적 같은 숫자지요") 한국정치를 보면 기독교의 근본 가치가 실현되고 있다고 볼 수 없습니다. 예컨대 공평이라든지 정의라든지, 사랑이라든지, 이사야나 아모스가 그렇게 강조한 가난한 자와 나그네, 고아와 과부들, 요즘 말로는 '사회적 약자들'에 대한 관심을 그들의 활동에서 찾아보기가 쉽지 않습니다. 이렇게 된 이유가 목사님은 무엇이라 생각하십니까?

김진홍 교회를 이끌어 가는 우리 목회자, 신학자들에게 일차적으로 책임이 있다고 보아요. 교인들에게 마땅히 요구해야 할 것을 요구 못한 거지요. 훈련을 받아서 훈련대로 사는 제자도(弟子道, discipleship)를 요구하지 못하고 믿음으로 구원받는다는 것을 너무 값싸게 내세운 거예요.

지도자들의 신학적 안목이나 목회관의 빈곤이 원인 가운데 첫째가 아닐까 생각해요. 사실 교인들은 확실한 목표를 세우고 높은 수준의 윤리관을 요구하는 것을 싫어 하는 것이 아니더라구요. 오히려 존경심을 가지고 따르려고 애쓰는 모습을 저는 보았어요.

강영안 그러니까 양쪽 다 책임을 물을 수 있겠습니다. 한국 교인들이 너무 손쉽게 예수 믿으려고 한 것이 문제입니다. 예수 믿는 것에는 반드시 고난이 따르기 마련이죠. 예수의 제자가 된다는 것은 의롭게 사는 삶으로 인해 고난을 받을 준비가 되어있다는 것일 텐데, 우리 한국 교인들은 너무 쉽게 복과 영광을 누리려고 하였습니다. 목사님 말씀대로 목회자들은 성경 말씀대로, 복음대로 살면서 교인들에게 요구해야 할 것을 요구해야 하는데, 교인들이 원하는 것에 쉽게 부응해 버렸습니다.

김진홍 편승해 버린 거지요. 목회자들은 교인들이 원하는 수준에 맞추었지 성경이 요구하는 수준에 맞추지 못했어요. 한국 국민들의 심

땅과 사람을 살리는 운동
두레마을 공동체의 공동작업

성 깊숙이 잠재되어 있는 종교적 욕구는 무속 성향이에요. 무속 성향이 성경에서는 타도대상이지요. 심지어 사무엘과 사울 시대에는 무당을 돌로 쳐서 뿌리를 뽑기까지 했지요. 한국 국민의 심성에 자리잡고 있는 무속성을 성경적인 말씀의 신앙으로 극복을 시켜야 하는 데도, 오히려 영합하고 편승을 해서 그 요구에 맞추었기 때문에, 교회는 부흥되었지만 성경적인 윤리와 진리의 기준은 약해져 버렸습니다. 이게 한국 교회에 대한 저의 반성이지요. 이것이 목회자가 빠지기 쉬운 함정 중에 하나라는 것을 제가 인식을 해요.

우리 신학교 동료들 가운데 학교 다닐 때는 한국 교회 갱신을 위해 같이 일하고 진리 자체를 섬기자고 얘기 했는데, 졸업을 한 후, 다른 교회는 부쩍 부쩍 커지는데 자기 교회는 부흥도 잘 안되니까 하는 수 없이 사십이 넘어 무속적인 신앙에 편승을 하더군요.

두 가지 경향으로 나가는 것을 보았어요. 첫째는 공부 안하고 노회와 총회 정치꾼으로 나가더군요. 둘째는 교인들의 요구에 편승해서 쉽게 부흥할 수 있는 쪽으로 나가더라구요. 그런 점이 목회자 자신이 예수님 제자의 길을 걷는데 너무 인색했기 때문이지요.

70년대와 80년대를 거치면서 제자화 훈련 운동이 교회에 도입이 되었습니다. 사랑의 교회나 온누리 교회, 고신 측의 여러 교회들이 이런 쪽에서 열심히 헌신하더군요. 고마운 생각이 들었지요. 그런데 반성을 해보면 제자 훈련을 하는 교사는 많이 길러냈는데 제자를 많이 길러내는 데까지는 미치지 못하지 않았나 하는 생각이지요. 한국 크리스천이 제자로서 사는 삶이 여전히 약하다는 것이죠. 저도 30년 동안 열심히 일해 왔는데 요즘 와서 반성을 하게 됩니다.

강영안 마태복음 4장에서 저는 중요한 교훈을 얻을 수 있지 않을까 생각합니다. 4장 후반부에 보면 예수님이 찾아가서 제자들을 부른 얘기가 나옵니다. 베드로와 안드레를 보고 "나를 따라 오너라. 내가 너희를 사람을 낚는 어부가 되게 하리라" 하셨지요. 야고보와 요한도 오라고 불렀더니 하던 일들을 멈추고 예수님을 따랐습니다. 제자들은 자신의 요구, 자신의 욕구 때문에 예수를 따른 것이 아닙니다. 부름을 받고 순종한 것이지요. 제자들은 예수를 닮아 가도록 부름을 받은 사람들입니다.

그런데 전혀 다른 부류의 사람들이 4장 마지막 부분에 나옵니다. 예수님을 찾아온 '허다한 무리들'이었습니다. 예수님이 병을 고친다는 소문을 듣고 찾아온 사람들입니다. 자신의 욕구와 필요에 따라 예수님께 온 사람들입니다.

한 부류는 예수님이 직접 부른 사람들이고 다른 부류는 자기가 필요해서 찾아온 사람들입니다. 성경은 앞의 부류를 '제자'라고 부르고 뒤의 부류를 '무리들'이라고 부릅니다. 자신의 욕구와 필요 때문에 찾아온 무리들을 예수님은 배척하지 않았습니다. 그들을 받아 주고 때로는 필요를 채워 주었습니다.

오늘도 마찬가지로 사람들이 자신의 필요에 따라 교회를 찾아올 수 있습

두레마을 공동체

남양만 두레마을

중국 연변 두레마을

미국 베이커스필드 두레마을

니다. 질병이든, 사업 문제이든, 가정 문제이든, 삶의 의미와 관련된 문제이든 어떤 문제들을 가지고 나옵니다. 이것이 문제라고 할 수는 없을 것입니다. 필요 또는 욕구가 신앙의 계기일 수 있으니까요. 그러나 무리가 제자로 전환되지 않고 여전히 무리로 남는 것이 문제입니다.

김진홍 예수님은 많은 사람들 가운데에서 자신의 기준에 따라 열 둘을 뽑아내신 거예요. 자신의 필요에 의해서 찾아온 많은 무리는 마가복음에는 '오크로스'(*οχλος*)로 되어 있지요. 예수님이 하신 활동 가운데 7~80 퍼센트는 필요에 따라 찾아온 무리의 요구를 위한 것이 아니라 자신이 뽑은 제자들과 함께 생활하면서 그들을 가르치는 일에 사용했지요. 그렇게 하신 것은 나중에 오실 성령으로 충만해서 무리들을 위해서 하셨던 예수님의 일을 계승하기 위한 것이었습니다.

한국 교회 안에는 많은 무리들이 들어와 있지만 무리들을 섬길 수 있는 제자들, 예수를 닮아 가면서 무리를 섬길 수 있는 엘리트 제자층이 너무 얇지 않은가 하는 생각이지요.

강영안 신약 성경에서 '제자'를 가리키는 말로 사용한 것은 '마테테스'(*μαθητής*)입니다. '배우는 사람'이란 뜻이지요. (김진홍 : "배우는 사람이라구요? 좋은 말씀입니다") 신학자 폴 틸리히(Tillich, paul Johannes 1886.8.20~1965.10.22)는 '제자는 선생 예수를 투명하게 드러내는 사람'이라고 한 적이 있습니다. 그런데 예수님께 왔던 무리들, 즉 '오크로스'들은 대개 그대로 무리로 남았습니다. 한국의 그리스도인들도 예수의 삶과 인격을 투명하게 드러내는 제자가 되지 않고, 자신의 욕구와 필요에 따라 움직이는 무리로 여전히 남아 있지 않은가 하는 생각을 저는 해봅니다.

김진홍 그렇지요. 틸리히가 했다는 말, 그 말 참 좋은 말이군요. 스승한테 배운 대로 스승을 드러내는 삶을 사는 일을, 자의든 타의든 우리가 등한히 했으니까 지금부터라도 목회자와 교회 안에서 생각 있는 분들이 이 일에 중점을 두면, 한국 개신교회가 제 구실을 할 수 있는 모습을 갖출 수 있지 않을까 생각하지요.

저도 나이 서른에 시작해서 이제 육십이 되었습니다. 제가 30대 40대에는 선배 목사들이 목사답지 못하다고 비판했는데, 세월이 흘러 이제 제가 비판받는 나이와 입장에 서 있게 되었지요. 그 때는 객기가 있었어요. 이제는 책임 있는 나이에 이르렀으니 좀 분별있게 잘 해 보아야 하겠다고 생각하지요.

실패를 통해 배운다

강영안 두레공동체를 일구는 일에 목사님은 지금까지 많은 수고를 해왔습니다. 재작년에 한길사를 통해 3권으로 묶어낸 목사님의 자전 소설 『황무지가 장미꽃같이』를 보면 지금까지 하신 일들이 소상히 소개되어 있습니다. 남양만 두레공동체를 일구는 일, 활빈교회를 섬긴 일, 두레장학재단을 통해 많은 인재를 키워내는 일, 이렇게 한 사람으로 감당하기 힘든 일들을 해오셨습니다. 목사님께서 어떤 일을 할 때 그 기본이 되는 철학, 말하자면 '사역의 철학' 같은 것이 있습니까?

김진홍 저는 일을 할 때, 교회를 하거나 무슨 사업을 할 때, 해야 할 당위성을 먼저 글로 쓰지요. 스스로 선언을 하는 셈이지요. 그렇게 하고 일을 시작해요. 무슨 일을 할 때 세 가지 기준이 있지요.

하나님이 기뻐할 일이냐, 예수님의 이름으로 교회와 백성을 섬기는 데 꼭 해야 할 일이냐, 이렇게 물어요. 이것이 첫 번째이고 두 번째는 내가 해야 될 일이냐고 묻지요. 왜냐하면 자원이나 능력은 한정되어 있기 때문입니다. 큰 교회 목사도 아니고, 특별히 활용할 기금이 있는 것도 아니고, 활발하게 일할 수 있는 팀워크(teamwork)가 있는 것도 아니기 때문에 다른 사람들이 할 수 있는 일이면 하지 않고 내가 할 수 있는 일만을 찾아 하는 것이 두 번째 기준이지요.

세 번째는 해야 될 일이고 남이 아닌 바로 내가 해야 될 일이라는 앞의 두 기준을 통과하면 지금 당장 해야 될 일이냐 미루어 두었다가 할 수 있는 일이냐 묻는 거지요. 해야 될 일이고, 내가 해야 될 일이

> "무슨 일을 할 때 세 가지 기준이 있지요.
> 하나님이 기뻐할 일이냐, 예수님의 이름으로 교회와 백성을
> 섬기는 데 꼭 해야할 일이냐, 이렇게 물어요.
> 앞의 두 기준을 통과하면 지금 당장 해야 될 일이냐
> 미루어 두었다가 할 수 있는 일이냐 묻는 거지요."

고, 지금 당장 해야 될 일이라면 예산이 없어도, 팀웍이 없어도, 노하우가 없어도 하는 거지요. 그래서 여러가지 일을 해왔어요. 그러다 보니 순탄하지 않았지요. 말썽도 생기고 부작용도 생겼습니다. 그러나 보람이 있었지요.

강영안 목사님께서 지난 30년간 하신 두레공동체운동을 스스로 어떻게 평가하십니까?

 아주 감사하게 생각하지요. 그러나 시행착오가 참 많았어요. 30년을 바탕으로 해서 앞으로 10년 또는 15년을 더 할 수 있으니까 이제 좀 제대로 해봐야 되지 않을까 생각하지요. 제대로 하자면, 요즘 그 생각을 열심히 하고 있는데, 서두에 얘기했던 것처럼 제자도를 확실히 하고 내면의 확실한 기반을 세워서, 지금까지 서둘러 방만하게 해왔던 것처럼 하지 말고 작지만 깊게 해야 하겠다 생각하고 있어요.

요즘은 30년 해 왔던 일을 자체 평가하면서 불요불급한 것은 줄이고 꼭 해야 할 일만 할 수 있도록 정리하고 있는 중이지요. 도랑 건너는 사람이 디딤돌을 놓으면서 건너가듯이 지난 30년 한 일들이 나에게는 모두 연결이 되어 있어요. 그러나 밖에서 볼 때는 너무 여러 가지 손댄다는 느낌이 있겠지요.

기본적으로 저의 인식은 성경을 바탕으로 백성들의 모든 문제, 시대의 모든 문제를 끌어안아야 한다는 것이지요. 정치, 경제, 교육 등 그 시대의 모든 문제를 복음의 빛 안에 수용하여 성경적 대안을 제시하고 참여해야 한다는 생각을 해왔어요. 그러니 자연히 여러 군데 손을 뻗을 수밖에 없었고 때로는 부작용이 뒤따르기도 했습니다.

 칼 포퍼(Popper, Karl Rainmund 1902~1994)가 한 말 가운데 "We learn from our mistakes"라는 말이 있습니다. 우리는 우리의 과오, 잘못, 우리의 실수를 통해 배운다는 말이지요. 물론 모든 사람이 실수를 통해서 배우는 것은 아닙니다. 아무리 실수를 해도 배우지 못하는 사람들이 많습니다. 창조적이고 진취적일 수 있는 사람만이 실수를 통해 배울 수 있을 것입니다. 실수를 통해 배우는 사람만이 창조적이고 진취적일 수 있다고 하는 것이 아

1971년 10월 3일 청계천 빈민촌에 세운 활빈교회

활빈선교운동
예수님은 가난한 자들에게 복음을 전하라고 하셨다

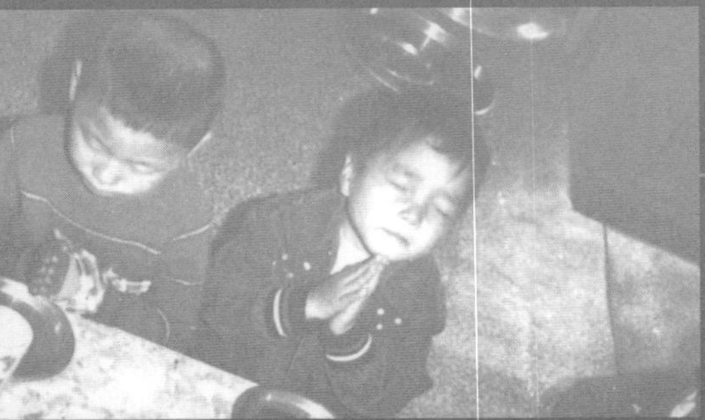

"오늘날 우리에게 일용할 양식을 주옵시고"
주기도문의 근본 정신은 공동체 정신이다

교회는 더불어 사는 공동체 삶에 대해
관심을 가져야 한다

"사랑의 나눔이 있는 곳에 예수님이 계시도다!"

마 좀더 정확한 말이 되겠지요. 성공보다는 실패가 우리 삶에 더 중요할 수 있습니다. 목사님의 삶에도 뼈저리게 실패한 경험이 있었습니까?

김진홍 나에게 가장 상처가 컸던 것은 가정 문제였습니다. 신앙 고백의 입장에서는 하나님의 영이 합력해서 주장하셨다고 결론을 내리지만 지금 다시 반성해 볼 때 제가 너무 일에 무리하게 몰두한 결과였지요.

그래서 성경을 읽을 때 "절제하라!"는 말이 나쁜 일과 관련해서 말한 적이 없는 것을 발견했어요. 좋은 일에 절제해야 하는 것인데, 절제의 울타리가 없이 좋은 일도 너무 많이 하면 무리가 생기고, 그로 인해 자연히 상처를 입게 되지요. 이것이 저에게 간증이 되고 제 영혼의 양식이 되었을 때 좋은 기능을 하는 것도 경험했어요. 내 경우가 다른 사람을 위로할 때 지침을 주기도 하더군요.

두 번째는 실패라기보다 방향 설정과 관련해서 일종의 과오가 있었다고 보는 것은, 어쨌든 교회 중심의 선교를 했어야 했는데 그렇게 못한 거지요. 교인들을 훈련시켜서 앞장을 서도록 해야 하는데 내가 선두에 서서 모든 일을 하려고 했기 때문에 교회가 약해지고 일은 잘 되지 않은 과오가 있었다고 생각해요.

그래서 2년 전부터 남양만 활빈교회는 후임에게 맡기고, 구리에 교회를 새로 개척하면서 이 점을 많이 보완하고 있지요. 예수님이 머리가 되고 그의 몸인 교회 공동체(congregation)가 중심이 되어야 할 일을 제가 너무 설쳐서 앞장서 한 것이지요. 처음부터 역부족이었다, 방향 설정이 바람직하지 못했다, 그렇게 인정하고 지금 고쳐나가고 있는 중입니다.

 "교회가 중심이 되어"라는 말씀은 "목사가 중심이 되기 보다는 오히려 성도들이 일꾼이 되어 각각 맡은 일을 할 수 있도록 성도들을 키우지 못했다"는 말씀으로 들어도 되겠습니까?

 맞아요 그 얘기죠. 성경적으로 원리를 제시하고 훈련시켜서, 집사 장로들이 해야 할 일을 내가 해 온 거지요. 그러니까 개인의 한계를 벗어나지 못했어요. 역량의 한계도 있고 시야의 한계도 있고 팀워크의 한계도 있었습니다. 그런 것을 미리 좀 간파해서 할 수 있었을 텐데 30년간 그렇게 해왔으니 확실히 내가 지적(知的)으로 좀 떨어지는 것 같아요.

 삶을 통해서 얻은 결론입니까? 출애굽기 18장을 보면 모세의 장인 이드로가 모세에게 백성들을 통치하는 원리를 가르친 것이 있습니다. 모세도 가정 문제가 있지 않았습니까? 그 아내가 아이들을 데리고 친정으로 가 버렸지요. 모세가 일에 너무 몰두해서 가정을 등한히 한 결과였습니다. 목사님도 모세와 비슷한 경험을 하신 거지요. 장인 이드로가 모세에게 찾아와 모세가 일하는 방식을 유심히 관찰했습니다.

하루 종일 백성들이 가지고 온 일을 판단하고 결정하느라 그야말로 진을 다 빼는 것을 보고 장인이 모세에게 이렇게 충고하였습니다.

"자네가 하는 일이 그렇게 좋지는 않네. 이렇게 하다가는 자네뿐만 아니라 자네와 함께 있는 이 백성도 아주 지치고 말걸세. 이 일이 자네에게는 너무 힘겨운 일이어서, 자네 혼자서는 할 수 없네. 이제 내가 충고하는 말을 듣게. 하나님이 자네와 함께 계시기를 바라네. 자네는 백성의 문제를 하나님께 가지고 가서, 하나님 앞에서 백성의 일을 아뢰게. 그리고 자네는 그들에게 규례와 율법을 가르쳐 주어서, 그들이 마땅히 가야 할 길과 그들이 마땅히 하여야 할 일을 알려 주게. 또 자네는 백성 가운데서 능력과 덕을 함께 갖춘 사람, 곧 하나님을 두려워하며, 참되어서 거짓이 없으며, 부정직한 소득을 싫어하는 사람을 뽑아서 백성 위에 세우게. 그리고 그들을 천부장과 백부장과 오십부장과 십부장으로 세워서 그들이 사건이 생길 때마다 백성을 재판하도록 하게. 큰 사건을 모두 자네에게 가져오게 하고 작은 사건은 모두 그들이 스스로 재판하도록 하게. 이렇게 그들이 자네와 짐을 나누어지면 자네의 일이 훨씬 가벼워질 걸세. 하나님이 명하신 대로 자네가 이와 같이 하면 자네도 일을 쉽게 처리할 수 있을 것이고 백성도 모두 흐뭇하게 집으로 돌아갈걸세"(출애굽기 18장 19절 에서 23절 표준 새번역)

저는 여기서 중요한 것은 위임의 원칙이라 생각합니다. 사람을 세워 일을 맡기는 것입니다. 그리고 책임을 지우는 것입니다. 모든 조직의 핵심이 여기에 있다고 생각합니다. 아마도 좋은 목회자는 모든 일을 다하기 보다는 좋은 일꾼을 세워 일을 맡기는 목회자일 것입니다. 바울이 에베소 교회에 보낸 편지 가운데도 이런 구절이 나오지 않습니까? "그 분이 어떤 사람은 사도로, 어떤 사람은 예언자로, 어떤 사람은 복음 전도자로, 또 어떤 사람은 목회자와 교사로 삼으셨습니다. 그것은 성도들을 준비시켜 봉사의 일을 하게 하고 그리스도의 몸을 세우게 하시려는 것입니다."(에베소서 4: 11-12절 표준 새번역)

교회 지도자를 세운 목적은 성도들이 섬김의 일을 할 수 있는 사역자로 세우는 일입니다. 훈련시키고 준비시켜서 책임을 맡기는 것이지요. 좋은 지도자는 예컨대 좋은 축구 코치에 비교할 수 있을 것입니다. 코치는 수비도, 공격도 맡지 않습니다. 선수들이 잘 뛸 수 있도록 훈련시키는 것이지요. 좋은 목회자도 이와 비슷하지 않은가 생각합니다. 자기가 골키퍼도 하고 공격수도 하는 것이 아니라 성도들을 잘 훈련시키고 준비시켜 각각 성숙한 일꾼으로 자라 자신의 일을 책임있게 하게 하는 것이죠.

두레연구원

21세기 통일한국 · 성서한국 · 선교한국을 이끌어 갈 차세대 지도자를 육성한다

중덕장학회 : 매년 고등학생과 대학생을 지원하여
2백만 조선족 동포를 이끌어 갈 지도력을 육성하고 있다

김진홍 그래요. 맞습니다. 표현을 나보다 잘 하시네요. 많이 배우겠네요. 좋은 말씀이에요. 그런 점에 내가 덤벙댄 것이지요. 그래서 실수도 많이 했지요.

강영안 목사님이 쓰신 『황무지가 장미꽃 같이』를 보면 사람 키우는 일에 관한 언급이 있습니다마는 지금 얘기한 것과 관련이 있을까요?

김진홍 내가 한 일 가운데 가장 보람있는 일이 두레장학재단을 통해 사람을 키운 일이었지요. IMF 구제 금융을 받을 때 특히 힘들었지요. 조금 극적으로 표현하자면 내가 못 먹더라도 빚을 내서라도 학생들의 생활비를 외국으로 보내 주었지요. 한 사람, 두 사람 공부 마치고 들어오니까 힘을 덜어 주더군요. 그리고 내 시야를 넓혀주고 내가 생각했던 것이 다음 세대에도 이어질 수 있다는 확신을 갖게 되었지요.

공동체운동을 통해 얻은 교훈

강영안 지난 30년 동안 하신 일 가운데 두레마을을 일군 것이 아마도 가장 큰 일이었을 텐데 이 일과 관련해서 실패의 경험을 말씀해 주시겠습니까?

김진홍 두레마을을 처음 시작할 때는 목회의 연장으로 하였지요. 교회가 당연히 공동체인데, 교회가 공동체성을 반영하기가 어렵더군요. 예수님의 사역을 효율적으로 하기 위해서는 교회가 낳은 자식으로서의 공동체가 있어야겠다고 생각한 겁니다. 그래서 두레마을을 시작한 거지요. 교회를 강화하면서 교인들이 공동체를 만들어가도록 해야 하는데, 교회는 제쳐두고 내가 전심 전력 공동체에 들어가서 일을 한 거지요. 그러니까 교회와 두레마을 공동체 사이에 틈이 벌어지기 시작하더군요.

사실은 교회의 연장으로 공동체를 시작했는데 이것이 제대로 되지 않은 거지요. 그리고 공동체 안에서 예수님이 제자를 키우셨듯이 거기 오는 일꾼들에게 많은 시간을 할애해서 공동체 정신, 영적인 기초, 이런 것을 차근차근 제대로 다져가야 하는데, 필요에 의해서 공동체에 찾아온 사람들의 요구를 충족시켜 주는 일에 너무 시간을 보낸 셈이지요. 일은 많이 했지만 나도 지치고, 나를 지지해서 스스로 공동체를 만들어 가야 할 핵심 멤버들도 약해지더군요.

이렇게 10년 이상 한 뒤에 "이게 아니구나!" 이렇게 하면 김진홍 목사의 사조직처럼 되는구나, 교회의 연장이면서 동시에 그 자체 공동체로서의 의미를 갖는 공동체가 아니면 안 되는구나!" 하는 것을 절실히 느꼈지요. 그래서 두레마을 공동체에서 한 걸음 뒤로 물러났습니다. "자립하라, 나는 뒤에서 밀어 주는 것으로 하겠다" 한 것이지요. 세월이 많이 흘렀습니다. 지금은 허점을 보완해서 새롭게 시작하려고 준비하고 있지요.

 사람이 중심이 된 공동체 운동이 아니라 정신이 중심이 된 공동체라고 할 수 있을까요?

 좀더 구체적으로 말하자면 예수님이 중심이 된 공동체지요. 좀 더 넓게 말하면 공동체 정신을 구현하는 공동체가 원칙인데 그 점을 일에 매여서 소홀히 한 거예요. 동기가 나빴거나 다른 의도가 있었던 것은 아니에요.

 목사님 글을 보면 김용기 장로님과 나눈 대화가 나옵니다. 한 15년 전인가요? 김 장로님은 두레마을 공동체를 하지 말라고 권유하셨다고 하더군요. 김 장로님은 가족 중심의 가나안 농군학교를 일구셨는데, 목사님은 혈연을 떠난 생활공동체, 생산공동체를 이루어 보고자 하신 것이죠. 지금 돌이켜 보면 어떻습니까? 목사님이 옳았습니까? 김용기 장로님이 옳았습니까?

김진홍 제 쪽 생각이 옳았죠. 김용기 장로님이 그 벽을 넘어서지 못하신 거죠.

강영안 목사님은 공동체가 현실적으로 가능하다고 보십니까?

김진홍 확신을 갖게 된 것이지요. 공동체는 필요하고, 할 수 있고, 할 수 있어야 되는 것입니다. 그러나 특정인의 정신이나 영향력으로 세워지는 공동체는 역사성이 없을 뿐더러 바람직하지 않다고 생각해요.

강영안 조금 원론적인 얘기가 되겠습니다마는 목사님 생각하시기에 공동체를 위한 조건이 있다면 그게 무엇이겠습니까?

김진홍 성경은 삼위일체 하나님부터 공동체적 존재임을 보여주지요. 성부, 성자, 성령 하나님의 존재가 공동체적 존재 방식이고 사람이

지음받을 때 하나님의 형상으로 지음받았다는 말은 사람 속에 본질적으로 공동체성이 있다는 말이지요.

외연으로 볼 때는 이것이 교회이고 내면으로 볼 때는 한 사람, 한 사람에게 공동체성이 터를 잡고 있다고 봐요. 단지 참된 성령의 역사가 위축되거나 가로막히면서 공동체성이 줄어든 것이지요. 이것을 바로 잡는 것이 바람직한 목회의 회복이지요. 이런 신학적, 영적 원리를 분명히 한 뒤에 다섯 명이나 일곱 명이 동지로 서로 결속해서 처음부터 업무를 분담해야 해요.

저는 나 혼자 "이건 내가 해야 될 일이다, 마누라가 굶어도, 자식이 병들어도 한다"고 생각했지요. 순교적인 정신을 가지고 일을 했는데 현실적으로는 좋지 않았어요. 혼자 일이 되기 쉬웠던거죠. 그래서 서둘지 말고 시작할 때부터 공동체적 접근을 해서 어려움도 같이 겪고 토론을 통해 일을 결정해야 공적인 공동체가 될 수 있다는 것을 배운 거지요.

강영안 목사님이 쓰신 글을 보면 첫 번째 두레마을이 실패한 뒤, 그것을 교훈 삼아 두 번째 두레마을을 하실 때는 개인의 사적 공간을 존중해 주는 일에 관심을 많이 쓰셨더군요.

김진홍 그래서 이제 세 번째 공동체를 하려고 경남 함양에 13만 평, 강원도 문막에 30 만평을 확보해 두었어요. 빨리 시작하지 않고 용의주도하게 준비하고 있는 중이지요. 여기에 세 가지 원칙이 있어요.

첫째는 영적, 정신적 원리를 확실히 한다는 것이지요. 둘째는 참여하는 사람들 각각 개인을 최대한 존중한다는 것이지요. 개인이 희생당하는 것이 아니라 오히려 공동체이기 때문에 개인이 더욱더 창조적으로 피어날 수 있도록 하는 것이지요. 개 개인이 가지는 자율성과 창조성은 하나님이 주신 것이므로 어떤 이름으로도 상하게 할 수 없어요. 처음에는 그렇게 생각하지 못했지요. "공동체 하려면 참아야지!" 그렇게 얘기했지요. 우리 아이들한테도 "너희 아버지가 공동체 일을 하는데 그렇게 하면 되나?" 그렇게 꾸짖었어요. 아이들이 반발하고 망가뜨려지기도 했지요. 지금 생각할 때 그게 아니라는 것이에요. 공동체가 이데올로기가 되면 안되지요. 인간을 인간답게 해주는 것이어야지요.

셋째는 시대의 경제 원칙에 맞게 합리적으로 경영을 해서 이익을 남겨야 한다는 거예요. 공동체에 속한 사람들의 복지와 미래에 대한 보장이 있어야 하는 거지요. "희생정신으로 와서 일하라!", 이렇게 말할 수 있는 시대는 지났어요. 이 세 가지를 염두에 두고 제 3단계 공동체를 시작할 준비를 하고 있습니다.

강영안 목사님이 계획하고 계신 공동체는 개인성의 원리가 충분히 존중되면서 개인의 자율뿐만 아니라 개인의 경제적 복지도 고려한 공동체라는 말씀이지요

김진홍 그렇지요. 그걸 시도해 보려고 하는 거지요.

강영안 공동체운동에서 가장 힘든 것은 역시 인간의 이기심일 텐데, 이 이기심을 목사님은 어떻게 보십니까? 이기심은 공동체를 훼손시키기도 하지만 공동체를 세우는 데도 일정한 기여를 하리라고 생각합니다. 이기심이 완전히 배제된 공동체를 세우는 것은 지나치게 이상주의적일 수가 있겠지요

김진홍 저는 처음에는 이기심을 완전히 인간의 적으로 본 거지요. 우

리 집사람이 뭐라고 그러면 저는 늘 "당신은 너무 자본주의적이야!" 그렇게 말했지요. 제가 나이 들어가면서 이기심이라는 것이 인간의 심성이라는 것을 알았어요. 이기심에 대해서 도덕적으로 평가하지 말고 이것이 승화될 수 있는 장(場)을 마련하는 것이 중요하다고 생각하게 되었지요. 자기 속으로 자기 것만 챙기는 이기심이 아니라 보다 높은 가치를 위해서 승화될 수 있도록 방향을 틀어주는 것이 공동체가 가진 장점이지요.

옛날에는 자본주의라는 것 자체를 굉장히 사악한 것으로, 바알 숭배적인 것으로 생각하였는데 자본주의는 인간성을 존중하고 있다는 점에서 인류가 발명한 제도 중에서 장점이 많은 제도라는 것을 인식하게 된 거죠. 자본주의는 부정하고 거부할 것이 아니라 자본주의에서 생기는 부정적인 면을 성경적인 원리로 보완해 주는 것이 바람직하다고 생각해요.

특별히 제가 북한을 여러 번 다녀오면서 이런 생각을 많이 하게 되어요. 저는 공동체를 많이 해보았기 때문에 북한이 왜 붕괴하는지, 어떤 심리 배경에서 이렇게 되는지 제 눈에 분명하게 보인다는 거예요. 공동체를 해보면 알아요. 내가 그것을 북한 지도자들에게 다섯 시간이나 얘기했더니 얘기를 잘 듣더군요. 자기들 얘기니까 그렇지요.

그 결과, 다음 날 교회 식으로 표현하면 "은혜 받았다"고 북한 거류 민증을 만들어 주더군요. 그래서 "아하, 사회주의다, 자본주의다 하는 것이 모두 불완전한 인간 생각에서 나온 것인데, 어디에 매이거나 찬양할 것이 아니라 가장 합리적인 것을 받아들이면서 성경적인 대안을 제시하는 것이 교회와 크리스천이 해야 될 일이구나" 하는 생각

대구 두레교회

남양만 활빈교회 종탑

국내 두레교회 공동체
사도행전에서 말하는 버림받는 이들과 함께하고 공동체성을 회복하는 모델이 되어야 한다

구리 두레교회

을 했습니다. 이렇게 생각하니까 사고가 유연해지더군요.

강영안 나진·선봉 지구에 두레마을을 만들지 않았습니까? 사회주의 국가에 가서 공동체를 세웠으니까 공자 앞에 문자 쓴 경우가 아닙니까?

김진홍 북한의 토지 정책은 공동체적 이론에 의하면 완벽한 거지요. 아무도 개인 소유를 하지 않고 국가 공동체와 지역 공동체가 소유한 거예요. 그런데 인간성에 맞지 않는 거지요. 인간을 너무 거룩하게 본 것입니다. 네 것도 내 것도 아니기 때문에 아무도 애착이 없어요. 이기심의 충족이 안 되기 때문에 노동을 하지 않아요. 그리고 농사 지은 것을 당에서 가져가는데 인간이기 때문에 공평하게 나누지 않아요. 비극이지요.

강영안 북한은 먹는 문제가 심각합니다. 공동체를 하시면서 먹는 문제가 아마 가장 큰 문제 중에 하나였을 것 같은데, 먹는다는 것이 인간에게 왜 그렇게 중요할까요? 먹는 것이 사람을 어느 정도 지배합니까?

김진홍 국가나 공동체 지도자나 특정 단체가 먹는 문제에 대해서 결정권을 가지게 되면 거기서 타먹어야 하는 사람은 노예가 되지요. 인격이나 선택이 없습니다. 충성하고 '아멘' 해야 얻어 먹을 수 있는 거지요. 먹지 못하면 사고를 할 수 없습니다. 기아, 기근에 시달리면 창조성이나 미래에 대한 건설이나 최소한도 인간에 대한 존중이 들어설 자리가 없지요. 먹는 것만 절대 가치가 되지요. 먹는 것이 해결되지 않으면 인간다움을 상실해요. 먹는 것이 해결되어야 인간이 정신적일 수 있고 도덕적일 수 있고 타인에 대한 배려도 있을 수 있는 거예요. 그래서 주기도문에서도 "일용할 양식을 주옵소서"라는 기도가 있는 거지요. 많은 것도 아닌, 일용할 양식이지요.

두레공동체운동이 펼치는 꿈

강영안 『철학과 현실』의 난은 '꿈을 가진 사람들'이란 제목을 달고 있습니다. 꿈이란 단어를 들을 때 저는 마틴 루터 킹(Martin Luther king Jr. 1929.1.15~1968.4.4) 목사가 워싱턴 링컨 홀 계단 위에서 했던 연설 "나에겐 꿈이 있다"(I have a dream)를 떠올립니다. "나에겐 꿈이 있습니다. 나의 네 아이들이 언젠가는 피부 색깔이 아니라 그들의 성품의 내용으로 판단 받는 나라에서 살게 될 것이라는 것을. 오늘 나에게 꿈이 있습니다. 알라바마 주에서 작은 흑인 소년들과 흑인 소녀들이 작은 백인 소년들과 소녀들과 함께 손에 손을 잡고 형제와 자매로 언젠가 함께 걸을 수 있으리라는 것을…" 인종차별을 없애고 정의와 평화가 강물처럼 흐르는 사회를 킹 목사님은 꿈꾸었습니다. 목사님께 꿈이 있다면 그것은 무엇입니까?

김진홍 30년 동안 저를 일관되게 지배한 세 가지 명제가 있어요. 앞으로도 그 명제를 바꾸지 않으려고 하는데, 첫째는 어떻게 하면 진실한 크리스천이 될 수 있을까 하는 것이지요. 나는 예수님을 영접하기 전까지 심한 고뇌와 방황의 시절을 지냈지요.

더구나 철학을 대학에서 공부하면서 교수님들이나 주위에서 철학이 제 적성에 맞는다고 기대도 하고 밀어주기도 했지요. 대학 상급반에 가서 어느 날 "철학이라는 것은 끊임없는 질문"이라는 사실을 알게 되었어요. 그런데 대학 졸업한 지 2년 뒤 복음을 깨달은 다음에는 "이게 해답이구나!" 라고 생각했지요. 나에게는 구조가 간단해요. "철학은 질문이고 복음은 해답이다"라는 것이지요. 그러니까 복음은 철학의 완성이지요. 해답을 얻었으니까 해답에 내 인생을 걸기로 한 것입니다.

이렇게 소박하게 생각을 하면서 첫 번째 명제가 어떻게 하면 제가 진실한 크리스천이 될 수 있을까 하는 것이지요. 두 번째는 한국 교회가 어떻게 교회다운 교회가 되겠는가 하는 것이고. 세 번째는 한국 교회가 어떻게 민족과 백성들의 눈물을 씻겨 줄 수 있는가 하는 것입니다.

겨레를 발전시키는 교회가 되는 것. 이것이 저의 삶을 지배해 온 명제이지요. 그래서 가끔 지나치게 민족주의적이 아닌가 하는 얘기를 듣게 되지요. 별로 부인하고 싶지 않은 것은 내가 한민족 속에 태어났고 제가 섬길 수 있는 자리는 여기이기 때문입니다. 한민족이 우수하다든가 하는 주장을 하는 것이 아니예요. 미국 크리스천은 미국 섬기고 인도 크리스천은 인도 섬기듯이 저는 이 땅에, 이 교회에서 났으니 이 민족, 이 겨레를 섬겨야 한다 생각한 거지요. 제가 세 가지 원칙을 가지고 신앙적으로 늘 얘기하는 것은 하나님이 삼위 일체이듯이 신앙과 생활과 산업이 삼위일체가 되어야 한다는 것입니다.

한국에 기독교가 들어온 지 100년이 되면서 교회의 모습은 많이 갖추었는데 기독교적인 산업공동체, 산업 사회로서의 모습은 보이지 못했어요. 앞으로는 교회가 이만큼 자랐으니 기독교인이 건전한 산업을 일으켜서 백성들의 안심입명(安心立命)과 경세제민(經世濟民)에 쓰임 받는 교회가 되어야 하겠다고 생각한 겁니다. 신앙과 생활과 산업이 삼위일체를 이루는 것이지요. 세 번 째 삼위일체는 두레공동체운동을 이끌어가는 기조가 되는 것인데 성령공동체로서의 교회와 민족공동체로서의 코리아, 그리고 산업공동체, 이 셋이 하나가 되는 것입니다.

앞으로 국경은 점점 희미해지고 남북통일은 될 것이고 세계는 한 울타리가 되어 가지요. 그런데 우리 코리안이 가 있는 곳, 특히 러시아, 중국, 일본, 미국의 중심에 우리 한국이 있습니다. 세계에 있는 교포가 전체 550만입니다. 남북한을 합하면 모두 7000만이 넘는데 우리 동포들이 가 있는 곳이면 민족공동체가 있고 그 속에 교회가 세워져서 성령공동체를 이루고 그 속에 성경적 원리를 가지고 산업을 일으키는 산업공동체가 생기는데 이 세 가지를 묶어 두레마을을 생각하는 거예요.

강영안 지금 목사님 말씀하는 것이 베이징(北京), 서울, 도쿄(東京), 블라디보스톡(Vladivostok), 아메리카를 잇는 이른바 '베세토바 프로젝트'(BESETOVA Project)를 염두에 둔 것입니까?

김진홍 예, 바로 그거예요. 이런 원리를 가지고 움직이는데 밖에서는 이런 것이 잘 보이지 않으니까 사람들은 "땅을 가지고 이 사람들이 자꾸 장사를 할라카나!" 그렇게 생각하지요. 일일이 설명을 못하는 겁니다. 그래서 남은 세월을 두레교회 목회를 안정시키면서 '베세토바'라고 이름지은 지역에 공동체 운동을 하는 것이지요. 블라디보스톡을 포함해서 모두 공동체가 섰어요. 중국 한 군데, 미국은 두 군데, 캐나다 한 군데, 일본 세 군데 공동체가 섰어요. 성경적 원칙에 따라서 교포 사회를 섬기는 공동체가 이루어져서 21세기 통일한국 시대에 교회와 한국을 섬기는 공동체 운동으로 정착되게 하는 것, 그것이 제 목표입니다.

강영안 목사님이 자주 쓰시는 표현대로 "백성들의 눈물을 닦아주는 공동체"란 말처럼 당장 행복하게 해주지 못하더라도 당장 눈앞에 있는 고통을 제거하는 일에 관심을 둔다고 볼 수 있을까요?

김진홍 아무래도 복지가 많이 들어가지요. 나는 워낙 30년 동안 일관되게 저변에 한을 쌓고 사는 사람들을 많이 접해 왔어요. 그래서 70년대는 신앙으로 가난을 극복하는 '활빈'(活貧) 운동을 했지만 90년대 들어와서 이름을 바꾼 거예요. '활빈' 하니까 좀 계급적인 요소가 있더군요. 90년대는 시대가 공동체적 발상이 더 중요하다고 보는 거예요.

지금은 빈부 간의 갈등보다는 빈부관민(貧富官民)이 협력하는 것이

해외 두레교회 공동체

성경적 원칙에 따라 교포사회를 섬기는
성령공동체로 21세기의 대안이어야 한다

괌 두레교회

캐나다 뱅쿠버
두레교회

독일 프랑크푸르트
두레교회

더 중요해지더군요. 그래서 '활빈교회' 라는 이름을 '두레교회' 로 바꾼거지요. 지난 30년은 '활빈' 에서 시작해서 '두레' 를 거친 30년이지요. 두레장학사업도 이런 사고 방식과 성경적 바탕에서 사람들을 무장시켜서 아까 말한 오크로스들을 섬겨서, 통일한국 시대에 우리 민족이 기독교 복음으로 정신개혁이 되고 통일이 이루어지고 세계 속에 정말 인정받는 코리아로 떠오르는 일에 쓰임을 받아야 할 것이 아니냐 하는 발상이지요.

그러나 실제 중국의 두레마을 150만 평이 작년부터 흑자를 내기 시작했고, 러시아의 40만 고려인 사회와 일본에 세운 두레마을이 서서히 돌아가기 시작하니까 최근에 들어와서 우리 일꾼들도 "목사님 이제 모양이 좀 잡혀갑니다, 한 10년 바짝 밀고 나가면 우리 후배들이 맡아 할 만큼 무엇이 되겠습니다"라고 말할 수 있을 정도가 된 거지요.

강영안 한국 사회의 가장 큰 문제는 공동체성을 잃어버렸다는 데 있지 않을까 생각합니다. 의약 분업이나 최근의 여론 분열 현상에서 볼 수 있듯이 편가르기는 잘 하지만 공동체를 생각하는 마음이 없습니다.(김진홍 : "없어도 철저히 없지요") 지역 간의 지역주의라든지 여당과 야당의 관계라든지 이런 것을 생각해 볼 때 두레공동체운동은 한국사회에 공동체성을 회복하는데 좋은 모델이 되지 않을까 기대를 해 봅니다.

김진홍 저도 과거에 정치범 생활을 해보았기 때문에 여야를 막론하고 정치하는 사람들 가운데 친구들이 많이 있지요. 특별히 여권에서 개혁을 해보겠다고 열심히 하는 것은 좋습니다. 김대중 정부가 나쁜 의도를 가진 것이 아니란 말이지요. 그런데 성경적인 삶의 원리나 공동체적 삶의 경험을 통해 고민과 시행착오를 겪어보지 않았기 때문에 뭘 한다고 하는 것마다 공동체성을 훼손할 뿐 통합이 이루어지지 않아요. 이것이 문민정부 9년 동안의 한계라고 생각하지요.

강영안 우리 정치에서 공동체성을 훼손하는 원인이 무엇이라고 생각하십니까?

김진홍 인간 문제에 대해서 좀더 철학적 조명이 있어야 하는 거지요. 인간에 대해서 좀더 고민해야 하고 좀더 겸손해져야 해요. 성경적으로 말하면 "일을 이루시는 이는 하나님이니 우리는 겸손하게 심부름하자" 이렇게 해야 할 것인데 이게 아니라 "역사에 남는 업적을 남기자, 우리가 개혁을 하지 않으면 나라가 망한다," 이런 강박관념을 가지고 있는 것 같아요. 그러니까 무리수를 두게 되지요. 그리고 자신의 인격 속에 통합성이 없으니까 한다고 해도 편견을 가지고 할 수밖에 없지요.

비판하고 행동하는 그리스도인이 많아야

강영안 목사님이 아마 철학을 계속 하셨더라면 지금 그 연배의 철학 교수 중에 한 분이 되어 있을 터인데요....

김진홍 네, 다 그렇게 생각했지요. 저도 그렇게 생각했고. 계명대 철학과를 나와서 (소흥렬 선생님이 내 은사입니다) 조교를 하다가 장학생으로 뽑혀 미국 유학을 준비하고 있을 때, 길을 바꾼 거지요. 이렇게 된 것을 저는 행복하게 생각해요. 지금하고 있는 일을 저는 감수성이 예민하던 20대 철학도 시절의 연장으로 보니까요. 질문하던 철학에 대해서 해답을 얻고 철학도적인 삶을 산다고 생각하니까요.

 그러니까 철학을 떠난 게 아니라 여전히 철학도의 삶을 살고 있다는 말씀이지요.

 그렇지요.

 복음에서 답을 찾았다고 해도 복음이 다시 우리에게 질문을 던지지 않습니까? 그래서 우리는 계속 질문을 안고 살 수밖에 없습니다.

 저는 가끔 목사가 목사를 왜 그렇게 비판을 하느냐 하는 오해를 받아요. 저는 정직하려고 하는 거예요. 철학과 교실에서는 당연히 비판이 의무란 말이지요. 비판하지 않으면 철학도로서는 열등한 것 아닙니까? 리포트 쓸 때마다 비판했는데, 목사가 되었다고 비판 기능이 없어지면 그것은 불성실한 목사가 되는 거지요. 저는 이렇게 되어야 하지 않느냐 하는 당위성에서 비판을 하는데 그렇게 받아들이지 않더군요. 목사가 왜 교회를 깨뜨리고자 하느냐, 목사가 목사를 왜 욕하느냐, 이런 말을 듣지요. 그러니까 섭섭하지요.

저는 한국교인들이 비판정신이 없는 것을 치명적인 약점으로 생각해요. 그러니까 추종만 있을 뿐 개선이 안 되지요. 비판정신은 없지만 한국교인들에게는 비난 정신은 있어요. 비난과 비판을 구별을 하지 못해요. 비판은 성령이 사용하시지만 비난은 악한 영이 사용하는 거예요. 이 단계를 벗어나지 못하는 것이 우리의 현실 이에요.

 비판이 가능하자면 역시 생각할 줄을 알아야 하고 끊임없이 질문을 던질 줄 알아야 하지 않습니까? 그런데 한국교인들은 교회에서 질문하는 법을 배우지 않았습니다. 지난주에 저는 미국 앤아버에 있는 교회에서 며칠 동안 강의를 했는데 질문을 하라니까 교인들이 잘 하지 않더군요. 조금 익숙해지니까 질문이 쏟아져 나왔습니다만 한국 교회 안에서 묻고 답하고 또 묻고 답하는 과정이 생략되어 있습니다. 묻자면 생각해야 합니다. 생각하지 않으면 질문을 할 수 없지요. 묻지 않는다는 것은 생각하지 않는다는 것입니다. 스스로 생각하지 않으니까 남이 생각하는 대로 따라 생각하고, 남이 믿는 대로 따라 믿을 수밖에 없는 것이죠.

김진홍 어떻게 그것을 시정할 수 있을까요? 그 벽을 넘어야 할텐데, 그 벽을 넘지 못 하면 한국기독교는 이 땅에서 창조적 역할을 못해요. 저는 지금 한국 교회는 벽에 부딪쳤다고 봅니다. 과거와 현재의 리더십으로는 한계에 온 것이지요. 이것이 극복이 될 때 진일보된, 복음에 좀더 접근한 교회로 발전하리라 보거든요. 우리 두레교회는 지금 급성장을 하고 있는데 여기서 저는 문제를 보는 거예요.

우리 교회에 오는 사람은 대개 교회에서 지치고 상해서 수평이동을 해오는 사람들이지요. 그래서 이전 교회가 좋지 않았다는 것은 아는데 새로운 계획을 제시하면 불안한 거예요. 우리 자신에 대해서 토론이나 비판을 해보라면 그렇게 못하는 거예요(강영안 : "그런 훈련을 받아 본 적이 없으니 그렇지요"). 이것을 극복해야 합니다.

저는 두레교회를 하나의 교회로 보지 않습니다. 한국 교회 전체의 한 단면으로 보거든요. 어떻게 하면 이것을 극복할까 고민이 많아요. 내 후배 중에 동안교회 김동호 목사가 있는데 『생사를 건 교회개혁』이란 책을 썼어요. 이 책을 읽으면서 나는 "제목이 너무 거창하다", "이 사람에게 부담이 될텐데..." 그런 생각을 했습니다.

저는 민주화하느라 감옥에서도 살아보고 매도 맞아보고 시행착오
도 해봤는데 진정한 개혁은 내면에 충실한 개혁이어야 한다는 확신
을 얻었어요. 간판부터 내세우는 개혁은 자기 자신 속에서부터 흔들
린단 말입니다. 동양적 표현으로 하자면 내공(內功)을 쌓아서 거기서
나오는 에너지로 가까운 것부터 변화를 시키면서 파장을 넓혀나가야
하는 것이지요. 모든 개혁은 정신 세계 내부에서 시작하는 개혁, 안
으로부터의 개혁이어야 한다고 생각해요. 교회 개혁도 기존 교회 틀
안에서 할 수 있어야 해요. 천만에 이르는 교인들이 모두 기존 교회
교인인데 기존 교회를 박차고 새로 한다고 해서 되지 않아요. 우리
어머니되시고 생명되시는 교회 안에서 설득력을 가지고, 끈기를 가
지고 자기 희생을 감수하면서 개혁을 해나가야지요.

강영안 저는 생각하는 그리스도인이 되기 위해서는 한 걸음 뒤로 물러나는
법을 배워야 하지 않을까 생각합니다. 우리는 너무 앞으로 달리기만 하였습
니다. 열심히 기도해라, 열심히 전도해라, 그렇게 늘 들어왔습니다. 열심을
얘기하자면 한국교인 만큼 열심인 사람들이 또 어디 있겠습니까? 기도하는
데 열심, 헌금하는 데 열심, 모이는 데 열심, 성경 읽는 데 열심입니다. 그런
데 이 열심이 교회 안에서의 열심에 그쳐 버리고 교회 밖으로 나와 사회를
변화시키는 힘으로까지 확장되지 못하고 말았습니다. 그래서 이제는 한 걸
음 물러서서 내 자신을 응시하고 내 자신을 바로 돌아보도록 하는 설교와
성경 공부가 필요하지 않을까 생각합니다.

김진홍 그 참 좋은 말씀이에요. 그래요. 나도 설교자니까 좀 적용을
해보고 싶네요.

강영안 오늘 이야기를 목사님이 와세다 대학에서 하신 주자학과 양명학에 관한 강의를 가지고 시작하였습니다. 목사님은 양명학으로부터 실천성을 배우고자 하신 것 같습니다. 그런데 자기 반성과 성찰과 관련해서 저는 주자학으로부터도 배울 수 있지 않을까 생각합니다.

1985년 봄이었습니다. 스위스 주네브(Geneva) 근처 샤또 드 보세에 있는 세계교회협의회(World Council of Churches)의 에큐메니컬 연구소에서 레슬리 뉴비긴(Lesslie, Newbigin)과 얘기를 나눌 기회가 있었습니다. 뉴비긴은 인도 선교사 생활을 근 40년을 했고, 인도 마드라스 주교일 뿐 아니라 세계교회협의회 부총재로 활동을 하기도 한 분입니다. 그 분의 책에 담겨 있는 주장과 강의는 매우 복음적이었습니다.

그래서 제가 "목사님은 복음주의자입니까?"라고 물었죠. 그랬더니 대답이 의외였습니다. "나는 복음주의자가 아닙니다." 복음주의에 대해서 왜 부정적으로 생각하느냐 물었더니 "복음주의자들은 성경을 보고 외고 인용할 뿐 성경을 읽지 않습니다"라고 답하더군요. 꽤 충격적이었습니다. 그 뒤 저는 이 문제를 종종 생각하게 되었습니다. 보면서도 읽지 않는다는 것은 삶으로 실천하지 않는다는 말이지요.

최근에 주자의 독서법과 관련해서 『주자어류(朱子語類)』를 들여다 볼 기회가 있었는데 중요한 것을 배웠습니다. 주자는 무엇보다 남을 위해서 책을 읽을 것이 아니라 자기를 위해서 읽어야 할 것을 강조합니다. 위인지학(爲人之學)이 아니라 위기지학(爲己之學)이 되어야 한다는 겁니다. 신앙도 유다서 20절의 표현을 따르면 '자기 건축', 다시 말해 '자기를 세우는 일'입니다.

그러자면 자기 반성적이지 않으면 안 됩니다. 주자는 책을 읽을 때 마음을 가라앉히고 조용한 곳에 앉아서 책을 읽되 허심(虛心)으로, 다시 말해 마음을 비우고 읽으라고 권합니다. 마음을 비우고 읽되, 깊이 무르익도록, 끊임없이 물음을 던지면서, 빗장을 걸어 잠그고 용맹정진 하듯이 읽으라고 권합니다. 또한 눈은 글자를 보며 입으로 소리내며 마음으로 감응해서 몸으로 실천할 수 있도록 읽을 것을 권합니다. 글과 마음과 몸이 하나되는 독서입니다. 저는 성찰적이고 생각하는 그리스도인, 그런 교회가 되어 가는데 이런 독서법도 중요하지 않을까 생각합니다.

김진홍 그런 교회가 되도록, 우리가 일하는 곳이 서로 좀 떨어져 있더라도, 관심과 정성을 모아야 될 것 같아요. 이번 여름에도 다른 집회는 가지 않았지만 대학생 집회는 다녀왔지요. UBF(University Bible Fellowship), JOY(Jesus first, Others second, You third) 선교회 집회에 가서 학생들에게 이야기를 했어요. 청년들이 진지하고 뜨겁게 사모하는 것을 보면 참 고마워요. 특히 젊은 나이에 성경을 대하고 예수님을 대할 때 편견을 갖지 않는 것이 중요해요. 복음을 주입시킬 때 자칫하면 하나의 이데올로기가 될 수 있어요. 복음은 이데올로기가 아니지요. 자유함이지요. 젊은 사람들을 단체를 위한 일꾼으로 만들기가 쉬워요. 단체는 커질 수 있지만 진정한 복음의 진보는 없는 거지요. 어떻게 이렇게 되는 것을 막아줄까 하는 것이 고민입니다.

70년대는 청계천 빈민시대, 80년대는 농촌선교 시대, 90년대는 두레마을 공동체 시대, 2000년 들어와서는 신앙운동과 민족운동과 산업운동이 하나의 일체를 이루는 운동을 이루는 시대로 생각하면서 일을 하는데, 이 과정을 통해서 저는 복음의 가능성을 본 거예요. 진정으로 예수님의 영이 거하면 변화가 일어나지요. 특별히 중국 두레마을 경우에 탈북자들이 많이 와서 참여하는데, 전폭적인 생각의 변화가 일어나는 것을 보거든요. 복음을 어떤 다른 틀을 가지고 변형시키지 않고 그 자체를 제대로 전하면 우리 겨레와 사회가 변할 수 있다는 것을 확신하게 된 것이지요. 이것이 저를 지치지 않게 하는 거예요. 제 삶의 동기가 되고 힘이 되는 것이지요. 이러한 경험이 저를 더욱 진지하게 해 주고 새롭게 도전하게 해 주는 원천이 됩니다.

> "복음을 어떤 다른 틀을 가지고 변형시키지 않고 그 자체를 제대로 전하면
> 우리 겨레와 사회가 변할 수 있다는 것을 확신하게 된 것이지요.
> 이것이 저를 지치지 않게 하는 거예요.
> 제 삶의 동기가 되고 힘이 되는 것이지요.
> 이러한 경험이 저를 더욱 진지하게 해 주고
> 새롭게 도전하게 해 주는 원천이 됩니다."

강영안 철학이 사람을 근본적으로 바꾸는 것을 저는 본 적이 없습니다. 이데올로기화 할 수 있습니다. 그러나 역시 복음은 사람을 바꾸어 놓습니다.

김진홍 저는 나무로 비유하면 다듬어지지 않은 나무예요. 철학도 신학도 어떤 것도 제대로 전문가적인 공부를 한 적이 없고 보따리 장사 하듯이 왔다갔다 했지요. 그럼에도 불구하고 제가 섬기는 예수님의 영이 인간을 변화시키는 것을 보아 왔어요. 이 체험을 가진 사람으로서 내 자신을 변화시키는 데는 게을리 했다, 이렇게 자성을 하고 있습니다.

이제 회갑을 맞으면서, 개인 생활을 가지려고 노력하니까 우리 집

사람이 "이제 당신 철드네요!"라고 말하지요. 그래서 제가 그러지요. "평생 철 한 번 들지 못하고 죽는 사람도 많은데 육십은 빠른거요!" 그래서 제가 밖에 나가는 것을 줄이는 것은 늘 하던 소리 그만하려는 것이지요. 아까 허심을 말했듯이 순수심(純粹心)을 가지고 빈민이든, 농민이든, 북한 탈북자든, 가슴을 맞대고 삶을 나눌 때 변화가 있었던 거예요. 강사로 나가면 이천 명, 삼천 명이 듣지만 실존의 변화가 있느냐 하면 그렇지 않아요. 분위기 좋았던 것으로는 안됩니다. 내가 정말 복음에 쓰임 받는 사람이 되려면 조금 더 진지하게 깊이 생각해 볼 필요가 있다고 생각해요. 다니면서 얘기하지 말고 좀더 내면의 승화를 시켜서 작지만 우리 교회나 주위를 변화시키는 일에 도구가 되어야 하는 것이지요. 그래서 지금은 대집회를 지양하고 작은 모임을 주로 합니다. 우리 교인들 저녁에 불러내어 문제를 던지고 생각을 깊이 하게 만드는 거지요.

강영안 앞에서 얘기를 나누었던 성도를 준비시키는 일을 하시는 군요. 오랜만에 목사님을 뵙고 얘기를 나누게 된 것을 고맙게 생각합니다. 목사님의 사역에 하나님의 인도하심이 있기를 기원합니다.

(이 대담은 〈철학과 현실〉 2001년 가을호에 '꿈을 가진 사람들'이란
제목으로 게재했던 내용을 재 편집한 글입니다.)

"저희가 사도의 가르침을 받아 서로 교제하며

떡을 떼며 기도하기를 전혀 힘쓰니라" (행 2:42)

두레공동체운동 30년 발자취

1941. 6. 18	경상북도 청송군 안덕면 사부실에서 3남 1녀 중 차남으로 출생
1957. 2	안덕중학교 졸업
1957. 3	영신고등학교 입학
1962. 2	대구 성광고등학교 졸업
1962. 3	계명대학교 철학과 입학
1966. 2	계명대학교 철학과 졸업
1967. 8	목단교회에서 첫 전도사 생활
1969. 3	장로회신학대학원 입학
1971. 10. 3	청계천 활빈교회 창립

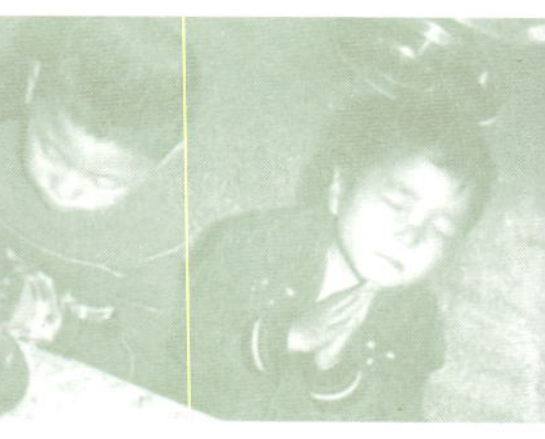

1972. 4. 6	야간중등과정 배달학당 결성
1972. 5	배꽃어린이집, 장미어린이집 설립
1972. 6. 9	송정동 판자촌주민자활회 조직, 송정의료봉사대 조직
1974. 1. 17	한국기독교회 협회총무실에서 긴급조치 철회를 요구하는 집회 주도
1974. 1. 17	대통령긴급조치 제1호 위반으로 집회현장에서 구속
1974. 2. 7	비상보통군법회의 1심에서 징역 15년 선고
1974. 2	장로회신학대학원 졸업
1974. 3. 6	비상고등군법회의 2심에서 항소 기각당함, 안양교도소 이감
1974. 8. 20	대법원에서 상고 기각, 형 확정, 수원교도소 이감
1975. 2. 16	형 집행 정지로 출감
1976. 1	활빈교회 남양만에서 활동 시작
1977. 4	경기노회에서 목사 안수

1977. 8	활빈귀농개척단 결성
1977. 11	경기도 남양만 간척지 1,200세대 정착, 남양만 7개 활빈교회 설립
1977. 3. 13	남양만 주민회 조직
1977. 4. 13	남양만 신용협동조합 설립
1978. 1	활빈농업개발단 조직
1978. 10	두레마을 설립안 채택
1979. 4	남양만 두레마을 창설, 8세대 입주, 제1차 두레마을 시작
1979. 12	제1차 두레마을 해체, 활빈교회 휴직
1980. 5	남양만 활빈교회 복귀

1980. 12. 12	남양만 내 각 지역 주민대표 20명은 선교활동과 주민활동을 재건하기로 합의하고 남양만 주민회 재결성
1983. 6. 1	남양만 신용협동조합원 70명이 6백만원 자산으로 부활
1986. 3	두레유통 설립
1986. 4. 1	제2차 두레마을 시작
1987. 3. 27	두레선교회 설립
1987. 4. 3	두레성서연구 모임 시작
1988. 10. 29	두레마을 내 선교훈련원 준공

1989. 3. 1	두레연구원 창립
1989. 6. 20	제1회 농어촌교역자 세미나 개최
1989. 7	제1회 전국두레가족수련회 개최
1990. 1. 15	제1회 농어촌교회 사모 세미나 개최
1991. 1. 14	말씀과 노동학교 시작
1991. 4. 26	두레시대 설립
1992. 3. 11	두레마을 영농조합법인 설립
1993. 1. 28	두레장학회 1기 수료식
1993. 10. 9	두레학숙 완공
1994. 3. 7	두레 어린이집 개원
1995. 5. 30	두레마을 전인건강 국제세미나 개최
1995. 7. 24	제1회 두레 청소년 여름학교 개최
1995. 9. 3	괌두레교회 창립
1995. 11. 30	두레마을 내 가공공장 및 저온 창고완공
1995. 10. 27	대한적십자사 적십자봉사장 금장 수상
1996. 4. 29	미주두레본부 설립
1996. 5. 26	두레마을 내 활빈교회 신축
1996. 8	계명대학교 명예철학박사 학위 취득
1996. 10. 15	연변 두레마을 추진을 위한 조사 작업 전개
1997. 3. 1	경기도 구리시 두레교회 창립
1997. 3. 1	일본두레커뮤니티 시작(도쿄 본부, 오사카지부)

1997. 3.	중덕장학회 설립
1997. 5. 25	중국 연변두레마을 설립
1997. 11. 1	사회복지법인 청십자두레마을 설립
1997. 11. 27	활빈 두레선교대회
1998. 5. 10	중국 중앙민족대학교 아태 경제문화 발전연구소 설립
1998. 5. 26	북한 나진 선봉 두레마을 농장 설립 계약
1998. 5. 28	학교법인 수곡두레학원 설립
1998. 12	미국 프린스턴 객원 연구원
1998. 12.	미국 베이커스필드 두레마을 설립
1999. 3. 3	수곡두레학원 두레자연고등학교 개교
1999. 3. 3	대구 두레교회 창립
1999. 7. 2	청소년대안교육연구소 설립
1999. 9. 11	제5회 유집상 자원봉사부문 대상 수상
1999. 10. 3	활빈교회 담임목사 사임
2000. 2	팔레스타인 두레공동체 설립
2000. 12. 6	미얀마 두레마을 의향서 체결
2001. 3. 29	캐나다 뱅쿠버 두레교회 창립
2001. 4. 15	도쿄두레채플 〈씨앗 예배〉로 시작.
2001. 5. 12	구리 두레교회 담임목사 위임식
2001. 6. 16	두레공동체운동 30주년 기념식
2001. 8. 29	미국 킹 칼리지 명예 신학박사 학위취득
2001. 9. 14	학교 법인 계명기독학원 이사장 취임
2001. 10. 8	경향 신문이 뽑은 '한국의 얼굴 55인' 으로 선정
2001. 11. 11	독일 프랑크푸르트 두레교회 창립

김 진 홍

청년 시절부터 공동체 삶을 꿈꾸며 모진 고초 속에 살아 왔고, 이웃과 더불어 공동체 두레마을을 일구어낸 옹골찬 농사꾼이다. 그는 두레교회 목사이자 두레마을 대표다. 고생 고생해가며 자기의 이상을 실천하고 있는 설교자, 복음전도자, 저술가, 그리고 잘 알려진 사회개혁가이기도 하다. 한국에서 가장 영향력 있는 크리스천 지도자 중의 한 사람으로 기독교 사회의 폐단에 대해 거침없이 변혁을 주창한다.

1941년, 소나뭇골 청송(靑松) 두메산골에서 태어난 그는 1966년 계명대 철학과를 수석으로 졸업한다. 유학의 기회를 뒤로하고 존재 의미를 찾고자 정신적인 방황을 하다가, '예수 안'에서 진리를 깨닫고 1969년 장로회신학대원에 입학한다.

그러나 행동하는 예수를 닮고자 빈민운동에 뛰어들어, 1971년 10월 한양대 뒤편 청계천 천막촌에 활빈교회를 세운다. 1974년 젊은 동료 교역자들과 함께 유신체제에 반대, 대통령 긴급조치법 위반으로 징역 15년형을 선고받고, 안양, 수원 교도소에서 1년 1개월쯤 복역하다가 1975년 초, 특사로 출감한다.

그 해, 활빈교회가 있던 뚝방촌이 지하철 차고로 결정되고, 철거 통보를 받는다. 1976년 그는 청계천 철거 주민들과 함께 경기도 남양만 간척지로 집단 이주하여 두레마을을 세우나, 뼈아픈 큰 실패를 겪는다. 그러나 특유의 '바닥정신'으로 그 어려움을 딛고 일어나, 다시 두레마을 공동체를 일구어 오늘에 이르고 있다.

그 후 두레공동체운동은 전 세계적으로 확산되었다. 한국에는 5곳의 두레마을이 있다. 중국에는 연변 두레마을이 있고, 그 곳은 약 5백만 평방미터 지역에 이른다. 공동체의 일꾼들은 농산물을 수확하여 북한에 보내고 있다. 미국에는 1천만 평방미터에 달하는 켈리포니아주 베이커스필드 두레마을이 있으며, 그 공동체는 쌀, 감자, 옥수수를 생산한다. 농산물을 팔아 재정을 확보하여 복음선교 사업에 사용하고 있다.

김 목사는 두레장학재단의 대표로 활동하고 있다. 장학 기금은 국내와 해외에서 수학하는 230명 학생들에게 지원하고 있다. 그리고 참교육을 지향하는 대안학교 두레자연고등학교 이사장으로 봉사하고 있다.

두레공동체운동은 3가지 좌우명이 있다. '성서한국' '통일한국' '선교한국' 이다. 두레공동체운동은 사회와 종교 개혁운동 뿐만 아니라 복음운동이다. 두레공동체운동은 중국 전역의 복음화를 위해 한국과 중국 사이에 선교사 훈련을 계획하고 있다.

1995년 대한적십자사의 봉사상 금장을 받았다. 그 이듬해 1996년 계명대학교에서 명예철학박사 학위를 수여 받았고, 2001년 7월, 미국 킹칼리지에서 명예신학박사 학위를 받았다.

김 목사는 많은 저서를 출간했다. 그의 메시지와 저술 내용의 밑힘은 민중 속에 어우러진 '한국적 신학함의 새로운 틀' 을 담고 있다. 지은 책으로는 『바닥에서 살아도 하늘을 본다』, 『성공한 개혁, 실패한 개혁』, 『황무지가 장미꽃 같이』외 여럿이 있다. 특히 그의 첫 번째 저서 『새벽을 깨우리로다』는 100쇄를 눈앞에 두고 있고, 영어, 일어, 중국어, 러시아어, 아랍어로 번역해 나와 있다.

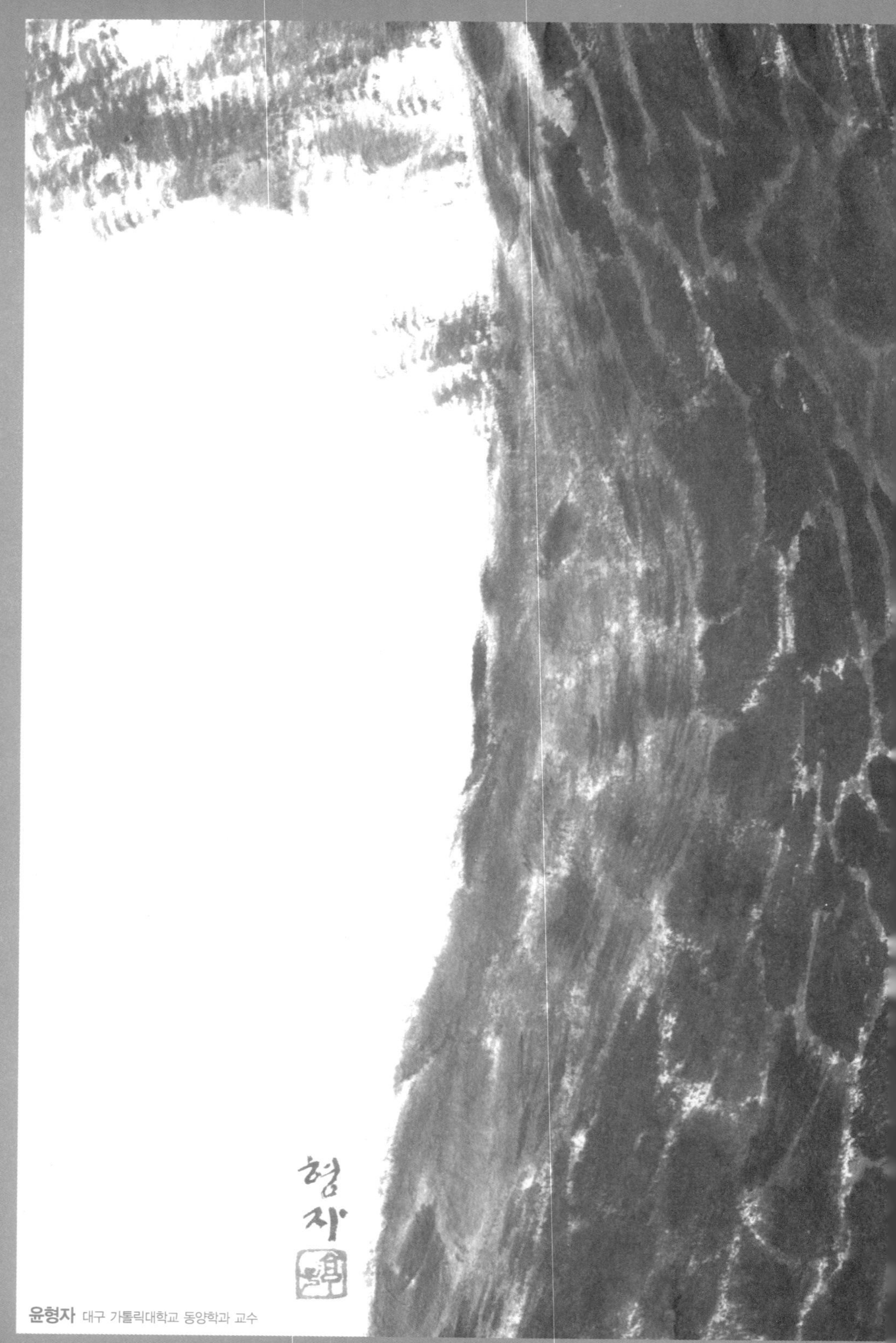

윤형자 대구 가톨릭대학교 동양학과 교수

소나무

김응교 / 시인

그는 소나무다
천년 세월 흰눈 쓴 채
온몸 양분을 짜내
비틀어진 잡초에게 전해주고
스스로 빼쩍 마른
투박한 껍질이다

가문 봄날 깊이 묵상하여
힘 모으고
아가리 벌린 홍수 날
깊은 뿌리로 대지에 우뚝 선 기둥
이제, 싱싱 푸르러
뿌리에서 가지 끝까지 솔향 뿜어 올리며
눈아린 태양을 응시하는
곧은 지팡이다

벌건 혀 날름이는 아궁이에서
뼈마디 두둑 꺾어지더라도
별로 두려워 않을
숯덩이어도 벌쭉 빛내며 기뻐할
가시 면류관

이제 늙어 쓰러진 소나무 둘레를 보아라
연한 아기솔나무들 푸를푸를
참사떼 하늘하늘
세상에!
죽어있던 숨이
솔잎솔빛 토해내며, 으드득, 일어서는구나

김진홍 묵상집 07 (ㅓ)

두레공동체의 정신과 비전

지은이　　|　김진홍
펴낸이　　|　강선우
펴낸곳　　|　두레시대
초판1쇄　|　2002년 2월 15일

편집위원　|　김호열, 김회권, 이문장, 김응교, 황보영조
편집부장　|　김정회
총무부장　|　허성구
동양화　　|　윤형자
서예　　　|　김은주
표지사진　|　임경빈
교정　　　|　민보희, 양진영
북디자인　|　이경수

주소　　　|　서울시 강남구 역삼1동 618
대표전화　|　508-4477
홈페이지　|　http://www.doorae.or.kr
팩시밀리　|　508-4171
출판등록　|　1991년 4월 26일(제20-429호)

책값 13,000원
ISBN 89-85915-42-8 04230
　　　89-85915-39-8 (세트)

The Economics and Management of Bible
© Kim Jin-Hong, 2002